Tanja Berlin

FESTE FEIERN
mit Kindern

Tanja Berlin

FESTE FEIERN

mit Kindern

Verlag Freies Geistesleben

INHALT

VORWORT

«Man soll die Feste feiern, wie sie fallen», heißt es schon in einem alten Sprichwort. Denn Feiern ist gemeinsame Zeit, sind glückliche Gesichter, gesellige Stunden mit Freunden und Familien und wundervolle Erlebnisse für alle.

Gelegenheiten für Feste gibt es im Lauf des Jahres viele – sei es zum Geburtstag, zur Taufe, oder zur Hochzeit, sei es ein Fest, um den Frühling oder den Sommer zu begrüßen, die Apfelernte zu feiern, ein Straßen- oder Dorffest, ein Mut- oder Puppenfest zu zelebrieren oder zu einem Lichterfest im dunklen November einzuladen.

Dabei muss das Fest auch nicht an einen Feiertag gebunden sein. Im letzten Jahr waren wir beispielsweise zum ersten Mal auf einem Wasserrutschenfest – und es war toll! Der Kreativität sind beim Feiern keine Grenzen gesetzt. Ein Fest wird zu einem Fest, wenn es sich vom Alltag abhebt. Mit einer schönen Dekoration, mit leckerem Essen und Trinken, besonderen Spielen oder Aktivitäten, bei denen Klein und Groß mit Freude mitmachen. Genau hierfür ist dieses Buch gedacht. Es gibt Anregungen für selbst gemachte Dekorationen, für süße und salzige Speisen, für leckere Getränke und wundervolle Bastel-, Werk- und Spielideen. Dabei muss man nicht tief in den Geldbeutel greifen. Eine schöne Tischdecke, Blumen und Teelichter in Gläsern, Stoffwimpel zum Wiederverwenden und viele Leckereien – schon leuchten die Augen. Man kann auch wunderbar Girlanden oder schöne Windspiele aus Stoff selbst machen und diese immer wieder verwenden.

Und je mehr Hände bei einem Fest mithelfen, umso schöner wird es. Machen Sie nicht alles allein, sonst ist es für Sie kein Fest! Bitten Sie Freunde und Verwandte, sich mit einem Essen oder etwas zu trinken für das Buffet zu beteiligen, ein Spiel zu betreuen, etwas für die Dekoration beizusteuern und gemeinsam das Fest vorzubereiten. Sie werden sehen, jeder freut sich auf das Fest und macht gerne mit. Besonders die Kinder! Die Ideen in diesem Buch lassen sich ganz frei kombinieren. Entscheiden Sie selbst, was zu Ihrem Fest passt. Alle Rezepte, alle kreativen Ideen und alle Spiele lassen sich auf die verschiedensten Feste anwenden und sind nicht an einen Tag, einen Ort oder ein Alter gebunden. Sie können das Buch also immer wieder zur Hand nehmen und sich inspirieren lassen.

Freunde von uns wohnen auf einem Hof in der Altstadt, in dem es einen ganz alten Birnbaum gibt. Dieser Baum ist jedes Jahr Anlass für ein zauberhaftes Straßenfest, dort auch Birnbaumfest genannt, bei dem alle Nachbarn und Freunde mitmachen. Jede Familie bietet einen anderen Stand mit einem Spiel oder einer Bastelaktion an. Dazu bringt jeder etwas für das kunterbunte Buffet mit und viele Freunde kommen hinzu. Vielleicht wächst bei Ihnen ja auch ein Baum oder Ihre Straße hat einen schönen Namen? Möglichkeiten für ein Fest, an dem alle Freunde oder Nachbarn zusammenkommen, gibt es viele – oder sie wollen von uns erfunden werden!

Ich wünsche Ihnen und Ihren Lieben mit diesem Buch viele wundervolle und unvergessliche Momente,

Ihre Tanja Berlin

FRÜHLINGSFEST

Stadtteilfest

KINDERGARTENFEST

BIRNBAUMFEST

Apfelfest

Lichterfest HECKENROSENFEST

STADTPARKFEST

PUPPENFEST Ponyfest

GARTENFEST

GEBURTSTAGSFEST MITTELALTERFEST

MUTFEST

SCHULFEST HERBSTFEST

Spielplatzfest

Kirschblütenfest Kinderfest FAMILIENFEST

Straßenfest SOMMERFEST

WIEDERSEHENSFEST

Wasserrutschenfest

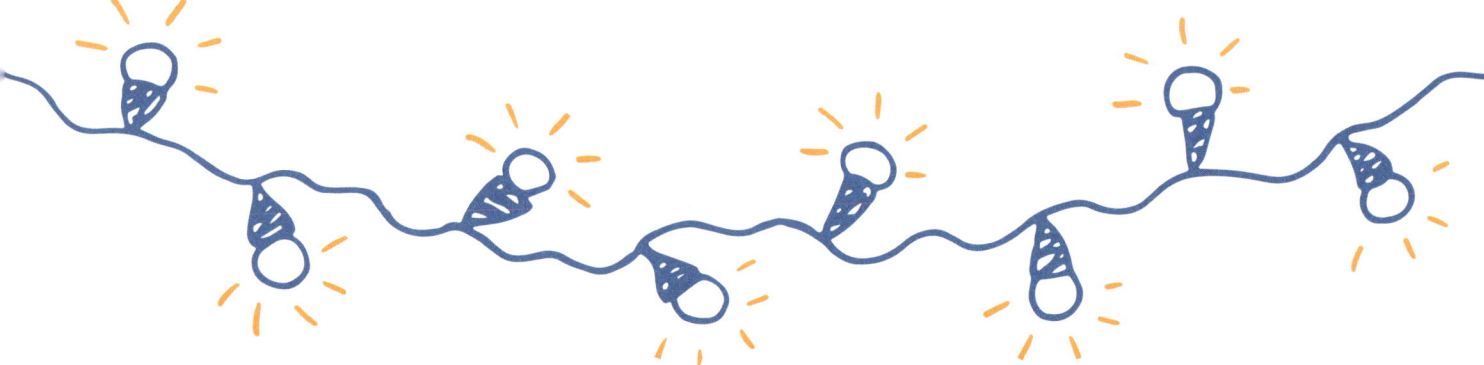

AUF DEM WEG ZUM FEST

Wie schön und einstimmend ist es, wenn der Eingang und der Ort des Festes liebevoll dekoriert sind. So fühlt man sich gleich herzlich begrüßt, bekommt schon bei den ersten Schritten ein freudiges Gefühl im Bauch und ist sogleich in bester Feierlaune. Auf den folgenden Seiten habe ich einige Ideen für Sie, wie man einen Weg und Festeingang dekorieren kann.

FESTLICHE SCHILDER SELBST MACHEN

Schilder, auf denen das Fest steht und die vielleicht mit einem Pfeil zum Ort des Geschehens zeigen, sind schnell gemacht, steigern die Vorfreude und helfen auch dabei, den richtigen Weg zu finden.
Einfach ein Stück Holz mit wasserfesten Stiften oder wasserfester Acrylfarbe bemalen. Das fertig bemalte Holzstück kann entweder auf eine Bank, ein Fensterbrett oder an einen Zaun gestellt werden. Man kann aber auch mehrere kleine Schilder auf ein langes Stück Kantholz oder einen dicken Ast nageln und an einem passenden Ort aufstellen.

Nicolai-Kirche ✝

TRET·KRAN

❀ PFERDE ❀

ZEHNT·SCHEUNE

Werkstatt

KLOSTERBAUSTELLE

Kaufmannshaus

Druckerei

ZumFest

Sommerspiele

Glücksrad

Labyrinth-Spiel

BLUMENBÖGEN AUS FRISCHEN BLUMEN ODER PAPIERBLUMEN BINDEN

Eine besondere Begrüßung auf allen Festen und Feiern ist ein großer Blumenbogen, durch den man hindurchgeht.

Hierfür braucht man viele Blumen, für die Stabilität einen dicken Draht und mindestens zwei Rollen grüne Bindedrähte. Die Blumen bekommt man zum Beispiel durch Blumenspenden von Nachbarn, Freunden und Verwandten. Man kann auch auf dem Wochenmarkt oder bei Blumenfachgeschäften nach aussortierten Blumen fragen, die sonst weggeworfen würden. Ein solcher Bogen mit echten Blumen sollte maximal einen Tag vorher gebunden werden, damit die Blumen frisch bleiben und nicht die Köpfe hängen lassen. Hierfür nimmt man einen dicken Draht und biegt ihn zu einem Bogen. Er sollte bis zum Boden reichen, und man braucht einen weichen Untergrund wie Rasen oder Erde, um den Draht später hineinstecken zu können. Mit dem Binden fängt man oben mittig an und bindet mit zwei Personen gleichzeitig rechts und links herunter. Hilfreich ist es, wenn mindestens eine weitere Person die Blumen sortiert und den anderen anreicht. Die Blumenköpfe zeigen beim Binden nach oben. Schön einheitlich sieht es aus, wenn immer die gleichen Blumen parallel angeordnet werden.

Je dicker die Blumen gebunden werden, umso stabiler ist der Bogen später. Hierfür kann man beispielsweide auch noch Weide, Buchs oder Efeu mit einbinden. Beim Binden sollte man auch beachten, dass der Bogen und die Seitenteile ausreichend breit und lang gebunden werden, damit später Kinder und Erwachsene hindurchgehen können.

Man kann auch ein Draht- oder Holzgestell oder einen Eisenpavillon komplett oder an einigen Stellen mit Blumen umbinden. Auch Stoffe, bunte Bänder oder Krepppapier lassen sich hübsch einarbeiten. Wunderschön sieht auch ein gebundener geschlossener Kreis aus, durch den man hindurchgehen kann. Oder wie wäre ein Bogen nur aus gebundener Weide?

Ein Blumenbogen mit Papierblumen hat den positiven Effekt, dass er nicht welk wird und dadurch deutlich früher vorbereitet werden kann. Außerdem können die Blumen, wenn es nicht geregnet hat, später wiederverwendet werden.

Hierfür den großen Bogen aus Draht mit grünem Krepppapier umwickeln und dieses gut mit Klebeband befestigen. Dazwischen die einzelnen Papierblumen mit Draht anbringen.

BUNTE PAPIERBLUMEN
SELBST MACHEN

Material

- **Krepppapier in verschiedenen Farben**
- **Kunstbast, Blumendraht oder anderes festeres Band**
- **Schaschlikspieße aus Holz**
- **eine Schere**
- **einen Buntstift (am besten in Weiß)**
- **evtl. Büroklammern**

Blumen gehören zu jedem Fest dazu, und wenn sie nicht frisch sein sollen, gehen auch wunderbar selbst gebastelte Papierblumen. Dieser Bastelklassiker ist noch aus meiner Kindheit. Meinen Kindern macht es auch heute noch große Freude, die Blumen herzustellen.

Und so werden die Papierblumen gebastelt

Für die Blütenblätter einen breiten und langen Streifen (ca. 20 cm lang und 6 cm breit) vom Kreppband abschneiden und viermal in gleicher Breite übereinanderlegen.

Mit jeweils zwei Büroklammern fixieren, damit nichts verrutscht.

Nun frei Hand mit dem Buntstift ein großes Blatt aufmalen und es ausschneiden. Sie haben danach vier gleich große Blätter.

Vom Kreppband ein schmales, langes Stück (ca. 3 cm breit und max. 10 cm lang) abschneiden.

Dieses um den Holzspieß wickeln, die spitze Seite vom Holzspieß zeigt dabei nach unten. Das Kreppband mit einem Stück Band festbinden.

Danach die obere Seite etwas hochschieben und mit der Schere mehrmals einschneiden, damit es etwas ausfranst.

Nun die vier Blätter zu einer Blüte drumherum anordnen; sie liegen dabei leicht übereinander. Die Blüten nochmals mit Band oder Draht fixieren – schon ist die Blume fertig.

Mein Tipp
Für einen Blumenbogen braucht man recht viele dieser Blüten. Man kann auch nur den oberen Teil des Bogens mit Papierblüten dekorieren und den unteren Teil mit grünem Kreppband umwickeln. Die Papierblumen sehen übrigens auch in Vasen zauberhaft aus.

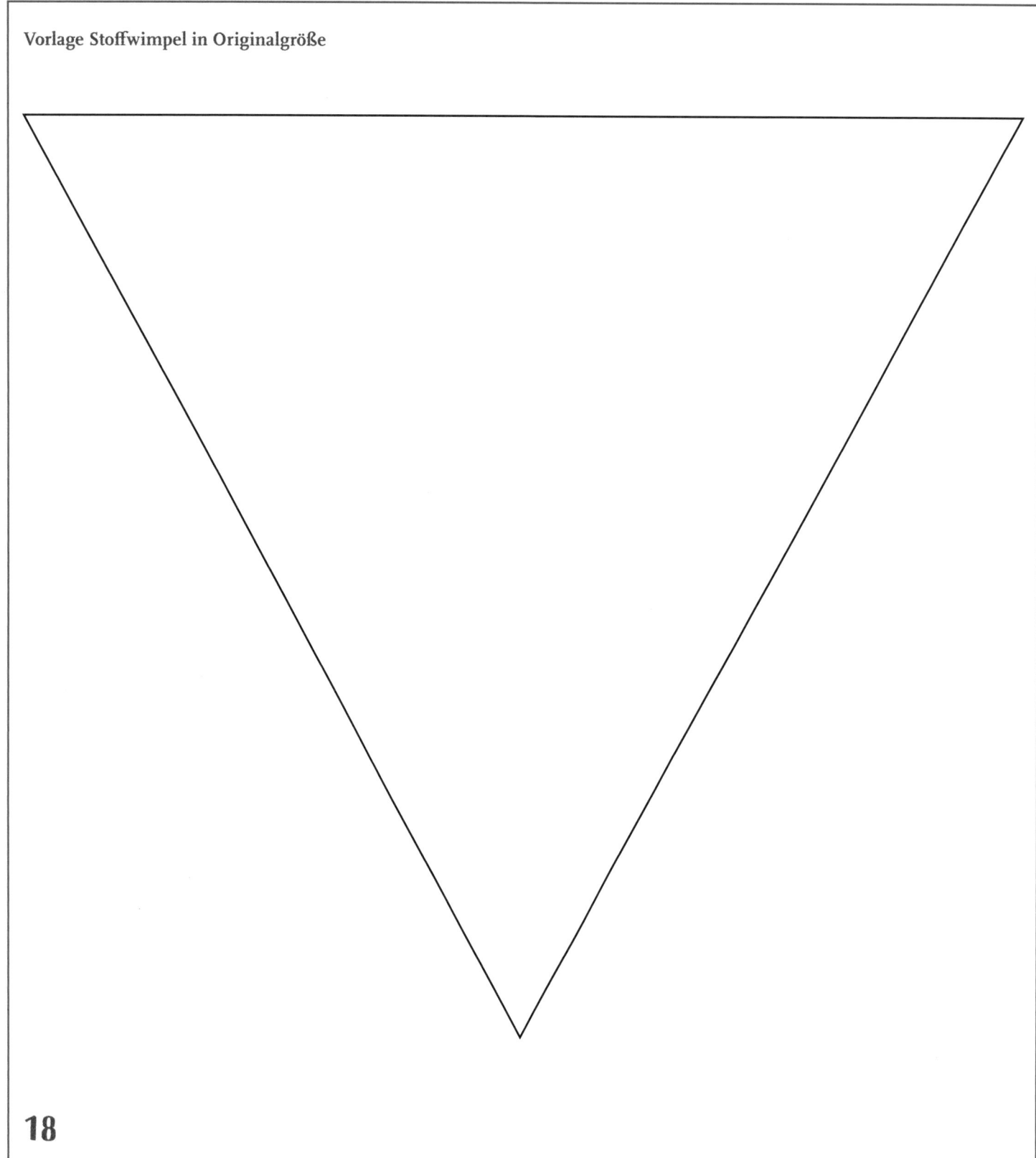

Vorlage Stoffwimpel in Originalgröße

FESTLICH DEKORIEREN

DER KLASSISCHE STOFFWIMPEL

Wimpelketten aus Stoff sind wasserfest, wetterbeständig und wieder-verwendbar, wirken immer schön und ziehen die Blicke auf sich. Vielleicht liegt es an den bunten Farben oder dass sie so schön im Wind wehen. Auf jeden Fall sind sie ein Hingucker, lassen sich für jedes Fest individualisieren und sind schnell selbst gemacht.

Aus den Stoffresten immer zwei Dreiecke ausschneiden und diese rechts auf rechts, mit den bedruckten Seiten aufeinander, mit einem geraden Stich zusammennähen. Dabei einen Spalt offen lassen, die Dreiecke umdrehen und einmal bügeln. Den Spalt nun auch schließen. Wenn man genug Dreiecke genäht hat, diese mit gleichem Abstand in das Schrägband nähen, an beiden Ende ein Stück übrig lassen. Damit kann die Wimpelkette in den Baum, auf die Terrasse, zwischen zwei Pfeiler, an einen Zaun oder anderswo festgebunden werden.

Näht man mehrere Schrägbänder aneinander, bekommt man eine besonders lange Wimpelkette. Verändert man die Vorlagengröße, kann man auch verschieden große Wimpelketten herstellen und aufhängen. Und für ganz Eilige reicht es auch aus, jeweils immer nur ein Dreieck mit der Zickzack-Stoffschere auszuschneiden und diese zwischen das Webband zu nähen oder mit Stoffkleber zu fixieren.

Material

- verschiedene Stoffe, es gehen auch wunderbar Stoffreste
- eine Stoffschere
- eine Wimpelvorlage (siehe S. 18)
- Schrägband (Länge je nach Wunsch)
- eine Nähmaschine

FOTOGIRLANDE SELBST MACHEN

Material

- versch. gemusterte Stoffe und weißer Stoff
- eine Stoffschere
- eine Wimpelvorlage (siehe S. 18)
- Schrägband (ca. 6 Meter)
- T-Shirt-Transferfolie in Weiß
- eine Nähmaschine
- ein Bügeleisen
- einen Farbdrucker für die Fotos

Dies ist eine besonders persönliche Dekoration für einen Kindergeburtstag, und meine Kinder schauen jedes Mal an ihrem Festtag, welches Bild ich neu ausgewählt habe. Die Wimpelgirlande hängt bei uns nicht nur an den Geburtstagen, sondern auch an besonderen Tagen wie der Taufe, Einschulung und später bei der Konfirmation und dem Schulabschluss. Ich habe daher 18 Geburtstagswimpel und 4 extra Wimpel angenäht. Jedes Mal wird auf dem nächsten Wimpel ein neues Foto aufgebügelt, welches das Kind im aktuellen Alter zeigt. Eine wundervolle Erinnerung und Wertschätzung an die Zeit mit dem Kind.

So eine Fotogirlande ist auch ein schönes Geschenk zu einem runden Geburtstag mit verschiedenen Fotos aus dem Leben der Person, zur Hochzeit mit Fotos vom Paar oder zur Taufe eines Kindes.

Zuerst werden alle 22 Wimpel genäht. Dafür zwei Dreiecke rechts auf rechts zusammennähen, einen Spalt offen lassen, umdrehen und einmal bügeln. Den Spalt nun schließen und alle fertigen Wimpel mit dem gleichem Abstand in das Schrägband einnähen.

Mit dem Drucker druckt man auf die T-Shirt-Transferfolie das gewünschte Foto. Dabei am besten immer ein aktuelles Foto aus dem Monat nehmen, an dem das Kind Geburtstag hat oder das Fest stattfindet. So kann man die Entwicklung am schönsten verfolgen. Die Folie wird nach der Anleitung des Herstellers auf den weißen Stoff aufgebügelt, ausgeschnitten und mit der Nähmaschine mit einem kleinen Zickzack-Stich auf den Wimpel genäht. So wächst die Geburtstagsgirlande mit jedem Festtag des Kindes ein Stückchen weiter.

SCHÖNE BLUMEN
UND VASEN

Mit Blumen kann man wundervoll dekorieren,
und jedes Fest strahlt gleich doppelt so schön,
wenn auch Blumen vorhanden sind. Auch auf
dem Geburtstagstisch darf bei uns ein frischer
Blumenstrauß nie fehlen – entweder aus dem
blühenden Garten, von einem Blumenstand
auf dem Wochenmarkt oder von einer Floristin
gebunden.

Es gibt unzählige Varianten, wie man die
Blumen auf einem Fest schön dekorieren kann:
Ob ganz klassisch in verschiedenen Gläsern
oder Vasen verteilt auf den Tischen, ob einzel-
ne Blumen in Wasserschalen oder hängenden
Gläsern im Eingangsbereich oder um den
Gästen den Weg zu weisen.

Mein Tipp
Bekleben Sie schlichte
Vasen individuell mit ihren
Lieblingsaufklebern (es gibt auch
extra Aufkleber, die Sie selbst
bedrucken können). So lassen
sich günstig wunderschöne
Vasen herstellen, die nur
bei Ihnen stehen.

WINDSPIELE AUS STOFF

Windspiele aus Stoff kann man in Bäume und Torbögen hängen, und sie sehen in Klein und Groß einfach wunderschön aus.

Die Weide vorsichtig zu einem Kreis schließen und die Enden mit dem Band umwickeln, sodass eine Kreisform bleibt. Der Kreis sollte einen Durchmesser von 23 – 30 cm haben. Möchte man Zeit sparen oder hat keine frische Weide zur Hand, eignen sich auch vorgefertigte Kreise (siehe Materialliste) für das Windspiel.
Aus den Stoffen – Eilige können auch schöne breite Geschenkbänder verwenden – nun viele lange Streifen mit einer Breite von 3 cm zurechtschneiden. Die Länge kann einheitlich lang sein oder mit Absicht unterschiedlich. Nimmt man eine Zickzack-Stoffschere, fransen die Kanten nicht aus.
Die Stoffbahnen nun am oberen Ende um den Weidenkreis herum festknoten, die Abstände kann man frei entscheiden. Danach vier gleich lange Bänder abschneiden, diese im gleichen Abstand an den Kranz binden und am oberen Ende zusammenknoten. Damit kann das Windspiel aufgehängt werden und die Stoffe nun im Wind tanzen.

Material für die kleinen Windspiele

- ein längeres Stück Holz, das man biegen kann z. B. frische Weide. Hat man dies nicht, gehen beispielsweise auch ein Stickrahmen, ein vorgefertigter Weidenkranz oder ein Metallring (beim Bastelmaterial im Supermarkt oder im Kreativfachmarkt) mit einem Durchmesser von 23 bis maximal 30 cm
- verschiedene bunte Stoffe und Stoffreste oder breite Geschenkbänder in versch. Farben
- eine Stoffschere
- festes Band

Mein Tipp
Mit einem Hula-Hoop-Reifen oder einem großem Holzreifen lässt sich auf die gleiche Art auch toll ein großes Windspiel selbst herstellen.

EINLADUNGSKARTEN
SELBST MACHEN

Meine Kinder lieben es, bei unseren Festen die Einladungskarten selbst zu machen – ihrer Kreativität sind dabei keine Grenzen gesetzt. Je nach Thema oder Anlass des Festes wird geschnitten, geklebt, gemalt und gebastelt. Hierbei entstehen immer wieder die individuellsten Karten, die uns und unsere Gäste überraschen. Fragen Sie Ihre Kinder vor einem Fest einfach mal, ob sie eine Idee für eine passende Einladung haben und diese auch selbst machen wollen. So beginnt schon vor dem Fest die größte Vorfreude.

LECKEREIEN FÜR FESTE

Was wäre ein Fest ohne köstlichen Kuchen, frisch gebackenes Brot und Pasteten, Salate und Dips, leckeres Obst und Gemüse oder selbst gemachte Limonaden? Wenn alle etwas zu einem bunten Buffet beisteuern, kommt immer eine leckere Vielfalt zustande, bei der jeder etwas findet. Dazu entlastet es denjenigen, der das Fest veranstaltet. Ein paar schöne Schilder dazu, damit jeder weiß, was er da isst oder trinkt, und ein paar Blumen und hübsche Dekorationen, schon wird jedes Buffet auf einem Fest ein kleiner Ort großer Verführungen ...

BRASILIANISCHE KÄSEBRÖTCHEN À LA CECILIA

Pão de queijo à la Cecília

Ergibt 25 kleine Brötchen

- 1 Packung (400 g) Tapioka-Stärke (Asia-Läden)
- 100 g geriebener Käse (Gouda oder Edamer)
- 2 Eier
- 200 Fetakäse
- 100 g Parmesankäse
- 1 Tasse Olivenöl
- 100 ml warmes Wasser
- 3 TL Salz
- etwas Pfeffer

Diese Käsebrötchen sind unglaublich lecker, glutenfrei und schnell gemacht. Am besten, man nimmt gleich die doppelte Menge an Teig, denn sie sind erfahrungsgemäß auf jedem Fest ratzfatz weg. Man kann sie auch gut einfrieren.

Und so werden sie zubereitet

Aus der Tapioka-Stärke, den Eiern, dem Öl, dem Käse und dem Salz und Pfeffer einen Teig herstellen.

Aus dem Teig kleine Brötchen formen und diese auf ein mit Backpapier ausgelegtes Backblech legen. Bei 200 °C etwa 20 Minuten auf der mittleren Schiene goldbraun backen. Die Brötchen nicht mit Umluft backen, sondern bitte mit Ober- und Unterhitze.

DINKEL-MINIPIZZEN ZUM BELEGEN

Wenn ein Fest mit Kindern bis in den (frühen) Abend geht, sollte man zum Abschluss noch einmal zusammen etwas essen. Die Kinder fallen nach einem Kindergeburtstag oder Fest meistens alle hundemüde ins Bett, und es entspannt den Abend für die Familien, wenn die Kinder schon etwas im Bauch haben. Eine Möglichkeit ist, kleine Pizzen mit den Kindern selber zu belegen. So kann jedes Kind seine Lieblingszutaten auswählen, sie können leicht mit der Hand gegessen werden und man hat nach dem Essen ganz sicher glückliche und satte Kinder.

Den Teig und die Zutaten sollte man schon vorbereiten, damit die Vorarbeit nicht zu lange dauert. Jedes Kind bekommt ein tischtennisgroßes Stück Teig und drückt dieses mit der flachen Hand zu einem platten Kreis oder rollt es mit einer kleinen Teigrolle oder einem Glas aus.

Danach kommt ein Klecks Tomatensauce auf die Mitte des Teiges, der gut verstrichen wird. Nun können die Kinder ihre Pizza nach Herzenslust belegen. Zum Schluss etwas Käse aufstreuen oder ein Stück Mozzarella drauflegen. Kleinkinder schaffen durchschnittlich ein bis zwei Minipizzen. Schulkinder essen meistens zwei oder drei.

Mindestens zwei Backbleche mit Backpapier auslegen und neben jede Pizza den Namen des Kindes schreiben, damit es später auch die Richtige bekommt und kein Streit entsteht. Die Minipizzen bei 180 °C Umluft ca. 10 bis 15 Minuten backen. Bitte immer mal wieder nachschauen, ob sie schon fertig sind.

Ergibt ca. 12 bis 15 Minipizzen (je nach Größe)

Teig
- 500 g Dinkelmehl (630)
- 1 Würfel Hefe
- 2 TL Zucker
- 1 TL Salz
- 4 EL Olivenöl
- 150 ml Wasser

Belag
- 1 großes Glas Tomatensauce (400 ml)
- 300 g geriebener Käse (zum Beispiel Gouda)
- Mozzarella in Scheiben
- weitere Zutaten zum Belegen wie beispielsweise: Paprika, Mais, Champignons, Thunfisch, Oliven, Ananas, gedünsteten Brokkoli, Kochschinken, Salami ...

Der Teig ist ganz schnell zubereitet

Die Hefe in einer kleinen Schüssel zerbröseln, mit dem Zucker bestreuen und mit 150 ml lauwarmem Wasser verrühren. Mehl, Salz, Olivenöl und 180 ml lauwarmes Wasser dazugeben und alles miteinander verkneten. Der Teig kann gleich verwendet werden oder ein paar Stunden in Frischhaltefolie verpackt im Kühlschrank lagern.

BLÄTTERTEIGPASTETE GEFÜLLT MIT SCHAF- UND ZIEGENKÄSE

Diese leckere Blätterteigpastete ist schnell gemacht und wird dank des milden Ziegenkäses auch von Kindern gerne gegessen. Direkt auf dem Backblech serviert, kann man sie unkompliziert mit auf jedes Fest nehmen und zum Buffet stellen.

So wird die leckere Pastete gemacht

Die erste Platte Blätterteig auf ein mit Backpapier ausgelegtes Backblech legen und ein paar Minuten «gehen lassen». Den Fetakäse mit einer Gabel zerdrücken und mit dem Ziegenfrischkäse und dem Thymian vermischen. Etwas Milch hinzugeben, damit die Masse schön cremig wird. Die Masse nun gleichmäßig auf dem Blätterteig verteilen, dabei einen Zentimeter Rand lassen. Die zweite Platte vom Blätterteig drauflegen und den Rand mit einer Gabel ringsherum andrücken. Das Eigelb verrühren und die obere Platte damit dünn einpinseln. Nun nach Belieben Körner und Kerne darauf verteilen. Die Pastete in den vorgeheizten Backofen bei 180 °C Umluft für ca. 15 Minuten backen.

Etwas abkühlen lassen und in gleich große Stücke schneiden. Hierfür kann man ein scharfes Messer oder einen Pizzaroller verwenden.

Ergibt ein großes Backblech
- 2 Packungen fertigen Blätterteig
- 1 Packung Fetakäse (ca. 180 g)
- 2 Packungen Ziegenfrischkäse (ca. 300 g)
- etwas Milch
- ½ TL getrockneter Thymian
- 1 Eigelb
- verschiedene Körner und Kerne, z. B.: Sesam, Mohn, Chia, Sonnenblumen-, Kürbis- oder Pinienkerne

STRACCIATELLA-STERNEN-KUCHEN AM STIEL

Diesen Kuchen lieben Kinder, denn er lässt sich wie ein Eis am Stiel essen und sieht mit der leckeren Schokoglasur und der Sternendekoration einfach zum Anbeißen gut aus. Man kann statt der Zartbitterschokolade auch Vollmilch oder weiße Kuvertüre verwenden und anstatt der Sterne auch Blumen, Herzen, kleine Einhörner oder Ähnliches.

Für eine Kastenform

(ca. 30 cm, ca. 1,2 l Volumen)

- 400 g Weizen- oder Dinkelmehl
- 70 g Zucker
- 1 Päckchen Vanillezucker
- 4 Eier
- 150 ml Milch
- 200 g weiche Butter
- 1 Päckchen Backpulver
- 80 g Schokoladenstreusel (Zartbitter)
- 70 ml Mineralwasser
- etwas Butter zum Einfetten der Kastenform
- Zartbitterkuvertüre
- Deko-Sterne o. Ä.
- Eisstiele aus Holz

So wird der Kuchen zubereitet

Mehl, Zucker, Vanillezucker, Eier, Milch, weiche Butter, Backpulver und Wasser zu einem cremigen Teig verrühren. Danach die Schokoladenstreusel unterrühren.

Eine Kastenform (30 cm) mit Butter einfetten, den Teig hineinfüllen und glatt streichen. Den Kuchen im vorgeheizten Backofen bei 180 °C Umluft ca. 1 Stunden backen. Zwischendurch schauen, ob er zu braun wird und ggf. mit Backpapier abdecken. Zum Ende hin die Stäbchenprobe machen, ob er schon fertig ist. Den Kuchen gut abkühlen lassen und in dicke Scheiben schneiden. Diese nochmals halbieren und jeweils einen Holzstiel halb in den Teig schieben.

Die Kuvertüre erwärmen, entweder die Kuchenstücke halb eintauchen oder mit einem Löffel die Schokolade halb überziehen. Mit Sternen dekorieren und gut abkühlen lassen.

Der Kuchen lässt sich gut ein bis zwei Tage vorher zubereiten, die Schokoladenglasur sollte ganz fest sein, damit der Stil gut hält.

Mein Tipp

Die Holzstiele kann man vorher beim Eisessen sammeln. Dann muss man sie nicht kaufen und verwendet sie weiter. Man kann mit der doppelten Menge Teig auch ein großes Blech mit Kuchen machen und diesen in Quadrate schneiden. In die Quadrate jeweils einen Stil stecken, in die Schokolade tauchen und danach verzieren.

KRÄUTERLIMONADE

Für diese Limonade braucht man frische Kräuter, die vielleicht sogar im eigenen Garten, auf der Fensterbank oder im Balkonbeet wachsen. In einem Getränkespender eignet sie sich toll für alle Feste, und auch hier sollte man lieber die doppelte Menge machen, denn sie ist oft ganz schnell ausgetrunken.

Man braucht nur wenige Zutaten, jedoch müssen sie mehrere Stunden ziehen, damit die Kräuter sich richtig entfalten können. Die Limonade direkt in einem Getränkespender oder in einem großen Topf ansetzen und später in kleine Flaschen oder Krüge umfüllen. Ist es von der Temperatur draußen heiß, helfen ein paar Eiswürfel, sie nach der Ziehzeit wieder in eine erfrischende Limonade zu verwandeln.

Zutaten

- **1,5 l Mineralwasser mit Kohlensäure**
- **750 ml naturtrüber Apfelsaft**
- **verschiedene frische Kräuter, zum Beispiel: Minze, Zitronenmelisse, Giersch, Gundermann**

Die Kräuter waschen und klein zupfen. Das Sprudelwasser mit dem Saft vermischen und die Kräuter hinzugeben. Alles ca. 4 Stunden ziehen lassen und eventuell noch mit etwas frischem Sprudelwasser aufgießen.

SOMMERLIMONADE

Selbst gemachte Limonaden gehen ganz einfach, sind ohne Zusatz- und Konservierungsstoffen, dafür aber voller Vitamine. Kinder lieben es, die frischen Früchte auszupressen und bei der Herstellung der Limonaden mitzuhelfen. Diese fruchtige Variante schmeckt auf allen Festen und man macht am besten gleich mehrere Kannen voll, so gut ist sie.

Zutaten

- **150 ml Orangensaft oder 3 bis 4 frische Orangen**
- **Saft von einer Limone**
- **Saft von einer Zitrone**
- **3 bis 6 EL Zucker (je nach eigenem Geschmack)**
- **750 ml Mineralwasser mit Kohlensäure**
- **eine Handvoll Eiswürfel**

Die Früchte mit einer Saftpresse auspressen und zusammen mit dem Zucker und Mineralwasser aufgießen. Die Eiswürfel hinzugeben, fertig ist die fruchtig-frische Sommerlimonade.

In den Krug als Dekoration noch einige Scheiben Orange, Zitrone und Limone hinzugeben – natürlich in Bio-Qualität, also ungespritzt.

HIMBEERBRAUSE

Diese Brause ist der absolute Liebling in meiner Familie und ich muss sie regelmäßig machen. Man kann statt frischer Himbeeren auch gefrorene Himbeeren verwenden. Auch als Erdbeerbrause schmeckt sie einfach köstlich!

Zutaten

- 300 g frische oder gefrorene Himbeeren
- 70 g (Rohrohr-)Zucker
- Saft einer halben Zitrone
- 250 ml Wasser
- 750 ml Mineralwasser mit Kohlensäure

Die Himbeeren zusammen mit 250 ml Wasser, dem Zucker und dem Zitronensaft köcheln, bis die Himbeeren zerfallen sind.
Die fertige Himbeermasse löffelweise durch ein feines Küchensieb streichen, den Himbeersaft dabei auffangen. Die gesamte Masse ergibt ungefähr 350 ml Himbeersirup.
Den Sirup in eine Flasche umfüllen und abkühlen lassen. Nach dem Abkühlen den Sirup mit 750 ml kaltem Mineralwasser auffüllen.
Die Flasche gut verschließen und vorsichtig schwenken, damit sich alles gut miteinander vermischt. Fertig ist die leckere Himbeerbrause.

Mein Tipp
Die durchgesiebten Himbeerkerne nicht wegwerfen, sondern noch lauwarm zum Beispiel auf Vanilleeis genießen oder pur essen. Sie schmecken köstlich!

FETA-FRÖSCHE

Diese Teigtaschen sind bei Kindern und Erwachsenen gleichermaßen beliebt und heißen wegen der Spinatfüllung auch «grüne Frösche». Man kann sie für ein Buffet auch in zwei Hälften aufschneiden, denn sie sind recht sättigend, und so hat man mehr von all den anderen Köstlichkeiten.

Teig

- 500 g Mehl
- 250 ml lauwarmes Wasser
- 100 ml Öl
- 1 TL Zucker
- 1 TL Salz
- ½ Würfel frische Hefe oder
  1 Päckchen Trockenhefe

Füllung

- 500 g Spinat
- 1 mittelgroße Zwiebel
- 50 ml Öl
- 200 g Schafskäse
- Salz und Pfeffer
- Zitronensaft

So werden die Frösche zubereitet

Alle Zutaten für den Teig zusammen in einer Schüssel vermengen. Den Teig kneten, bis er schön geschmeidig wird. Etwas Öl auf die Oberfläche des Teiges geben, mit einem dicken Handtuch abdecken und 25 Minuten gehen lassen.

Den Spinat in der Zwischenzeit gut waschen und klein schneiden. Die Zwiebel würfeln und zum Spinat geben. Etwas Salz drüberstreuen und kneten, bis ein Saft entsteht. Diesen Saft abgießen, damit er die Frösche nicht matschig macht. Den gewürfelten Schafskäse dazugeben und mit Zitronensaft, Öl, Pfeffer und Salz abschmecken.

Den Teig ausrollen und mit einem großen Glas Kreise ausstechen. Die Spinatfüllung in die Mitte der Kreise geben und den Teig über dem Spinat verschließen. Nun die Frösche auf einem mit Backpapier ausgelegten Blech im vorgeheizten Ofen bei 200 °C ca. 20 – 25 Minuten backen, bis sie goldbraun werden.

SPINAT –
FETA ♥
TASCHEN

Mein Tipp
Die Teigtaschen
schmecken warm und
kalt und man kann sie
auch gut einfrieren.

DER KLASSIKER – DINKEL-ZITRONEN-KUCHEN

Der Zitronenkuchen ist sicherlich eines der bekanntesten Rezepte überhaupt, aber dieser Klassiker darf bei uns auf keinem Kindergeburtstag und bei keinem Fest fehlen. Es ist immer der beliebteste Kinderkuchen und zuallerst aufgegessen. Daher muss unser Rezept natürlich auch mit in dieses Buch.

Ergibt ein Blech mit 12 großen oder 24 Kinderstücken

- 330 g Dinkelmehl (630)
- 300 g (Rohrohr-)Zucker
- 330 g weiche Butter
- 3 Eier (getrennt)
- 3 große, saftige Bio-Zitronen
- 1 Päckchen Backpulver
- 200 g Puderzucker
- 2 Prisen Salz
- 25 g bunte Streusel

Und so wird der Dinkel-Zitronen-Kuchen gemacht

Die Schale der drei Bio-Zitronen waschen und mit einer feinen Reibe abreiben. Zwei der Zitronen zusätzlich auspressen, die dritte Zitrone erst einmal zur Seite legen.

Die Eier trennen, das Eiweiß mit dem Salz steif schlagen. Die weiche Butter schaumig rühren.

Danach den Zucker, die drei Eigelb, den Saft der zwei Zitronen und die abgeriebene Zitronenschale hinzugeben und weiterrühren. Mehl und Backpulver hinzugeben und so lange rühren, bis ein weicher, klebriger Teig entsteht.

Als Letztes den Eischnee unterheben und gut verrühren.

Zum Einfetten des Backbleches kann man etwas weiche Butter oder Margarine nehmen oder das Backblech mit Backpapier auslegen und nur den Rand einfetten. Den Teig nun gleichmäßig auf dem Backblech verteilen.

Im vorgeheizten Ofen bei 180 °C (Umluft) auf der mittleren Schiene für ca. 20 – 25 Minuten backen. Vorsicht: der Kuchen wird an der Oberfläche schnell braun. Eventuell mit etwas Backpapier abdecken und weiterbacken. Mit einem Holzstäbchen die Garprobe machen.

Den Kuchen abkühlen lassen.

Danach den Saft der dritten Zitrone auspressen und mit den 200 g Puderzucker verrühren, bis keine Klümpchen mehr zu sehen sind. Ich nehme dafür immer einen ganz kleinen Schneebesen.

Den Guss in drei Bahnen auf den Kuchen verteilen und mit einem Küchenpinsel gleichmäßig verteilen. Solange der Guss noch flüssig ist, die Streusel großzügig auf dem Kuchen verteilen.

Mein Tipp
Der Kuchen eignet sich
wunderbar zum Vorbacken.
Er schmeckt nach ein bis zwei
Tagen immer noch genauso
lecker wie nach dem Backen.
Bestreicht man ihn nur mit
Puderzuckerguss, kann man
später mit bunter Zuckerschrift
noch etwas draufschreiben.

OBSTSPIESSE
(MIT ODER OHNE SCHOKOLADE)

Ein einfacher Klassiker, den alle Kinder lieben! Spießen sie abwechselnd frische Früchte in mundgerechten Stücken auf Holzspieße; wunderbar eignen sich für Kinderfeste auch Spieße aus Bambus, die am Ende abgerundet sind. So schmecken Melone, Erdbeeren, Äpfel, Pfirsiche, Weintrauben, Bananen (mit etwas Zitrone beträufelt, damit sie nicht braun werden) gleich doppelt so gut und die Spieße sind immer ganz schnell weg. Man kann sie auch mit etwas flüssiger Schokolade verzieren und diese fest werden lassen. So bekommen die Kinder etwas Süßes und Gesundes zugleich.

STATT SÜSSIGKEITEN

Spiele auf Kinderfesten und Geburtstagen gehören immer dazu und machen allen Kindern großen Spaß. Wie wäre es aber mal, statt der üblichen Süßigkeiten als «Preise» Schalen mit frischen Apfelschnitzen, Kirschen und Erdbeeren anzubieten? Oder frische Möhren samt Grün bei einem Reiterspiel und kleine salzige Knabberfische bei einem Angelspiel? Sie werden sich wundern, wie begeistert die Kinder von diesen Leckereien sind und sich immer und immer wieder bei den Spielen anstellen.

PIZZABRÖTCHEN MIT KNOBLAUCHSOSSE

Knoblauchsoße

- 250 g Mayonnaise
- 500 g Quark (20 %)
- ¾ Becher Sahne
- 4 – 6 Knoblauchzehen

Mein Tipp
Die Knoblauchsoße bei
einem Fest nicht in die
pralle Sonne stellen.
Dann kippt die Mayon-
naise schnell und wird
ungenießbar.

Pizzabrötchen sind auf jedem Fest ein Renner und ratzfatz weg. Dazu eine leckere Knoblauchsoße zum Dippen – und auch meine Kinder greifen gerne zu. Man kann den Teig frisch zubereiten, dann ist es das gleiche Rezept wie bei den Dinkel-Minipizzen auf Seite 31. Oder man nimmt zwei Packungen fertigen Pizzateig und dazu 300 g geriebenen Käse, zum Beispiel Emmentaler oder Gouda.

Und so werden die Pizzabröchten gemacht

Den frischen oder fertigen Pizzateig ausrollen, dick mit Käse bestreuen, zusammenrollen und mit dem Messer in Scheiben schneiden. Die Pizzaschnecken auf ein Backblech mit Backpapier legen und bei 180 °C ca. 10 – 15 Minuten backen.

Die Zubereitung der Knoblauchsoße geht schnell und ist einfach

Alle Zutaten, bis auf den Knoblauch, werden mit dem Rührbesen in einer großen Schale miteinander vermischt. Die Sahne braucht nicht geschlagen zu werden, sie kommt einfach flüssig dazu. Die Knoblauchzehen abziehen und durch eine Presse drücken. Den Knoblauch dazugeben und alles noch einmal gut verrühren. Die Soße mehrere Stunden im Kühlschrank ziehen lassen. Am besten schmeckt sie, wenn sie einen ganzen Tag «reifen» konnte.

FRISCHE MAISKOLBEN

Schon auf vielen Festen haben wir gekochte oder gegrillte Maiskolben gegessen und sie sind bei Kindern immer sehr beliebt. Für die gekochten Maiskolben braucht man auf Festen mehrere große Töpfe und Herdplatten, für die gegrillten Maiskolben benötigt man einen größeren Grill. Dazu reicht man frische Butter, es geht auch wunderbar die selbst gemachte Butter von Seite 122 und Salz. Meine Kinder lieben die Maiskolben auch mit Kräuterbutter oder Kräutersalz.

Frischen Mais gibt es von Juli bis September. Beim Kauf sollte man darauf achten, dass die Hüllenblätter noch grün und die Maiskörner nicht zu hart sind. Die Blätter und braunen Haare werden entfernt und die Maiskolben in einen großen Topf gekocht. Wichtig ist, kein Salz ins Kochwasser zu geben, damit würden die Maiskörner hart bleiben. Die Maiskolben bei mittlerer Hitze je nach Größe der Kolben ca. 30 Minuten köcheln lassen.

Frisch geernteter Mais sollte nicht länger als eine Woche im Kühlschrank gelagert werden. Die Körner enthalten Zucker, der sich zu Stärke umwandelt, sodass die Maiskörner nicht mehr süß und knackig schmecken. Leider gibt es manchmal auch zu lange gelagerte Maiskolben, die beim Kochen gar nicht richtig weich werden.

Wollen Sie den Mais grillen, sollte er schon einmal vorgekocht sein, das verkürzt die Grillzeit.

Findet das Fest außerhalb der Saison statt, kann man auch vorgekochten und vakuumverpackten Mais verwenden. Der Vorteil ist, dass dieser nur kurz erhitzt werden muss und dadurch bei einer großen Nachfrage schnell nachgereicht werden kann.

ZUCCHINI-TOMATEN-QUADRATE

Die Zucchini-Tomaten-Quadrate sind ein leckeres Fingerfood, das auch Kinder gerne essen. Sie sehen toll aus, sind einfach und schnell gemacht und perfekt für jedes festliche Buffet.

Zutaten

- eine Packung Blätterteig
- drei große Tomaten, in ca. ½ cm dicke Scheiben geschnitten
- eine Zucchini, in ca. ½ cm dicke Scheiben geschnitten
- Olivenöl
- frisches Basilikum; italienische Kräuter (Oregano, Rosmarin, Thymian ...)
- Salz oder grobes Meersalz und Pfeffer

Und so werden sie gemacht

Den Blätterteig auspacken und ausrollen. Die Platten mit einem scharfen Messer oder Pizzaroller in 4 x 4 cm große Stücke schneiden und auf ein mit Backpapier ausgelegtes Backblech legen.

Nun eine Hälfte der Quadrate mit den Tomatenscheiben, die andere mit den Zucchinischeiben belegen. Im vorgeizten Backofen bei 175 °C Umluft ca. 15 – 20 Minuten backen, bis der Blätterteigrand goldbraun ist.

In der Zwischenzeit das Olivenöl mit den italienischen Kräutern mischen. Das frische Basilikum waschen und klein schneiden.

Die fertigen Quadrate mit etwas Salz und Pfeffer bestreuen und auf die Tomaten und Zucchini das Kräuteröl aufstreichen. Auf die Tomaten-Quadrate jeweils noch etwas frische Basilikumblätter geben. Auf die Zucchini-Quadrate nach Geschmack noch etwas grobes Meersalz streuen.

Die Zucchini-Tomaten-Quadrate können direkt auf dem Backblech mit zum Fest genommen werden oder in einer Schale. Sie schmecken warm und kalt sehr lecker.

WELSH-CAKES MIT ROSINEN

Diese süße Köstlichkeit aus Wales wird traditionell zum walisischen Nationalfeiertag, dem St. David's Day am 1. März, gemacht. Sie schmecken aber auch auf allen anderen Festen und eignen sich gut als Fingerfood. Kinder mögen sie besonders gerne, weil sie ähnlich wie kleine Pfannkuchen oder Pancakes mit Zucker sind und als i-Tüpfelchen sogar noch Rosinen enthalten. Klassisch isst man sie mit einem Klecks Sahne und Marmelade. Viele Kinder essen sie auch gerne pur.

Welsh-Cake-Teig

- **450 g Mehl**
- **150 g Zucker**
- **200 g weiche Butter**
- **2 TL Backpulver**
- **150 g Rosinen**
- **1 TL Mixed Spice (siehe Tipp)**
- **1 – 2 EL Milch, wenn der Teig zu trocken ist**

Zum Servieren

- **500 ml geschlagene Sahne**
- **2 TL Zucker**
- **ein Glas Marmelade, zum Beispiel Erdbeere**

Alle Zutaten für den Teig miteinander verkneten, bis er einem Plätzchenteig ähnelt. Ist der Teig zu trocken, einen Schuss Milch hinzugeben. Den Teig mit etwas Mehl ca. 2 cm dick ausrollen und mit einem Glas (ca. 6 cm Durchmesser) Kreise ausstechen.

Klassischerweise werden die Welsh-Cakes auf einer gusseisernen Platte oder in einer gusseisernen Pfanne gebraten, damit sie schön kross werden. Es geht aber auch eine normal beschichtete Pfanne. Wichtig ist jedoch, dass sie nicht in Öl oder Fett gebraten werden. Davon ist schon ausreichend im Teig vorhanden und sie werden sonst nicht knusprig.

Die fertigen Küchlein mit Zucker bestreuen. Sie werden mit geschlagener Sahne und Marmelade serviert. Man kann sie auch auf einem Teller im Backofen bei 50 °C warm halten.

Mein Tipp

Mixed Spice ist eine Gewürzmischung, die man kaufen oder auch selbst machen kann.

- **3 TL Koriander**
- **3 TL gemahlenen Zimt**
- **1 TL gemahlenen Piment**
- **2 TL gemahlenen Ingwer**
- **1 TL gemahlene Nelken**
- **3 TL gemahlene Muskatnuss**

Alle trockenen Gewürze im Mixer ganz klein mahlen, fertig ist die Gewürzmischung. Diese in einem Glas gut verschlossen aufbewahren.

EINEN EISSTAND
SELBST MACHEN

Ein besonderer Höhepunkt auf jedem Kindergeburtstag oder Sommerfest ist ein kleiner Eisstand. Es gibt unzählige Möglichkeiten, diesen Eisstand aufzubauen und zu gestalten. Man kann beispielsweise einen Spielständer nehmen und ein schönes Schild basteln. Oder man nimmt einen kleinen Tisch mit hübscher Tischdecke und Stuhl für den «Eisverkäufer». Man kann sich auch einen kleinen Eisstand aus Holz selbst bauen, den man bei jedem Kinderfest wieder herausholt. Denn eines ist sicher: Hat man einmal einen Eisstand aufgebaut, möchten die Kinder ihn immer wieder und wieder und wieder. Viele Erwachsene übrigens auch.

Für den Eisstand braucht man dazu noch Eiswaffeln oder kleine Schälchen und Löffel. Und natürlich verschiedene Sorten Eis. Am besten gehen Klassiker wie Vanille, Schokolade, Erdbeere und Zitrone. Wenn Kinder mitfeiern, die Milchprodukte nicht gut vertragen, nehme ich immer zwei Sorbets und zwei Milchspeiseeissorten.

Für die Eistoppings wie bunte Streusel, Schokoladenstreusel und kleine Marshmallows braucht man noch Schälchen. Dazu Flaschen mit Soßen und je nach Jahreszeit kann man auch frische Früchte anbieten.

Wenn es sehr warm ist, solle man das Eis am besten hinter dem Eisstand in einer Kühlbox lagern.

Erfahrungsgemäß sollte ein Erwachsener der «Eisverkäufer» sein und die Kinder bestellen ihr Lieblingseis am Stand. Dabei dürfen sie alles wählen, was sie möchten, die Erwachsenen drücken an diesem besonderen Festtag beide Augen zu und die Begeisterung ist jedes Mal riesengroß.

Ein Eisstand kann auch eine tolle Alternative zum klassischen Kuchen sein, vor allem wenn es ein warmer Festtag ist.

EIN PUPPENFEST FEIERN

Manchmal gibt es gerade keinen Anlass zum Feiern und trotzdem hat man große Lust dazu! Wie wäre es da mit einem zauberhaften Puppenfest im Kinderzimmer oder im Garten, zu dem natürlich auch die liebsten Kuscheltiere und Spielgefährten eingeladen werden? Schon das Backen der Kuchen macht den Kindern großen Spaß und sie lieben es, den Tisch fein zu decken.

AUFBAUEN UND DEKORIEREN

Aus einem Stück Stoff, einer Tischdecke oder einem Geschirrtuch und einem kleinen Karton wird kinderleicht ein kleiner Tisch. Dazu gibt es selbst gebackenen Kuchen, leckere Saftschorle, das bunteste (Puppen-)Geschirr, natürlich eine kleine Vase mit Blumen. Als Rückenlehnen für die Puppen und Kuscheltiere dienen einfach kleine Hocker, Kisten oder Bücherstapel. So können alle mit am Tisch sitzen und die köstliche Kuchentafel genießen. Da sind leuchtende Kinder- und Puppenaugen garantiert.

GRUNDTEIG FÜR DEN PUPPENKUCHEN

Da die Puppen und Kuscheltiere bei so einem Fest immer besonders großen Appetit haben, backen wir gleich mehrere kleine Kuchen mit verschiedenen Füllungen und Dekor. Einen Kuchen mit Blaubeeren, einen mit Johannisbeeren, einen mit Schokoladentropfen und einen mit Puderzuckerglasur und Streuseln. Je nach Geschmack und Jahreszeit kann man die Kuchen variieren.

Unser Rezept reicht für mindestens fünf kleine Puppenkuchen oder eine große Kastenform. Die kleinen Kuchenformen gibt es in Geschäften mit Küchenbedarf, in Spielwarenläden und im Internet.

Grundteig

- 3 Eier
- 150 g weiche Butter
- 250 g Mehl (Dinkel- oder Weizenmehl)
- 150 g Zucker
- 1 Päckchen Vanillezucker
- ½ Päckchen Backpulver
- 100 ml Wasser
- etwas Rapsöl oder Butter zum Einfetten
- je nach Jahreszeit und Vorlieben noch Johannisbeeren, Blaubeeren, Puderzucker, Streusel, Schokotropfen, gemahlene Mandeln, Rosinen oder Ähnliches

Den Backofen auf 180 °C Umluft vorheizen und alle Zutaten für den Teig miteinander verrühren. Die kleinen Kuchenformen oder die Kastenform gut einfetten und bis zur Hälfte mit Teig befüllen. Auf den Teig nun noch reichlich Beeren, Schokotropfen, Nüsse oder Rosinen verteilen. Je nach Größe der Formen die Kuchen zwischen 30 – 45 Minuten backen. Dabei die Stäbchenprobe machen und nachschauen, dass die Kuchen nicht zu dunkel werden.

Nach dem Backen die Kuchen etwas abkühlen lassen und vorsichtig mit einem stumpfen Messer aus dem Formen lösen.

Die Kuchen können nun noch mit einer Puderzucker- oder einer Schokoladenglasur bestrichen, mit Streuseln belegt oder einfach mit Puderzucker bestäubt werden.

Ist die Festtafel gedeckt, kann ein wundervolles Puppenfest beginnen.

EIN MUT-, ST.-MICHAELI- ODER RITTER-GEBURTSTAGS-FEST

Das St.-Michaeli-Fest wird immer am 29. September gefeiert und ist das erste Fest für Kinder im Herbst. Unsere Kinder nennen es auch das Mut-Fest, denn an dem Tag werden im Kindergarten und in der Schule immer kleine und größere Mutproben gemacht. Dazu wird ein Brotschwert gegessen, Drachenblut getrunken und der Drache besiegt.

Die Kinder können Ritterkostüme oder einen Umhang und ein Holzschwert tragen und man kann vorher mit ihnen gemeinsam ein Schild aus Holz anfertigten. Das Michaeli-Fest kann auch wunderbar mit Grundschulkindern an einem Kindergeburtstag gefeiert werden. Die Kinder lieben es, die einzelnen Mutproben zu bestehen, sich als Ritter zu verkleiden und sind nach all den Herausforderungen garantiert ein Stückchen größer.

Ideen für Mutproben können sein:

- Ein Nicht-den-Boden-berühr-Parcours, der ein Drachenpfad ist.
- Eine geschmückte Leiter hochklettern.
- Einen Band-Parcours im Wald mit verbundenen Augen laufen. Wer traut es sich, ihn sogar barfuß zu laufen?
- Tauziehen gegeneinander, wer gewinnt?
- Ein Kind ist ein verkleideter Ritter, die anderen Kinder sind ein Drache und laufen hintereinander, an den Schultern angefasst. Fangen sie den Ritter?
- Ritterspiel mit Schwimmnudel-Schwertern: Die Kinder balancieren auf einem Balken – wer schubst den anderen mit seinem weichen Schwert zuerst herunter?
- Feuerlauf – auch mit gemaltem Feuer ein echtes Abenteuer.

Bei einem Mut-Fest, an Michaeli oder auch für einen Kindergeburtstag kann man ein großes Brot-Schwert selbst backen und dieses mit den Kindern nach den Mutproben essen.

So wird das Schwert gebacken

Die Hefe in etwas lauwarmem Wasser auflösen und mit dem Zucker vermischen. Das Mehl, den Hartweizengrieß und das Salz miteinander vermengen. Eine Mulde in der Schüssel machen, das Hefewasser hinzugeben und den Vorteig 15 Minuten gehen lassen. Ich mache hierfür den Backofen auf 50 °C (Umluft) an und stelle die Schüssel in den lauwarmen Backofen.

Danach das lauwarme Wasser und Öl hinzugeben und alles gut miteinander vermischen. Den Teig wieder 45 Minuten an einem lauwarmen Ort, zum Beispiel im leicht vorgewärmten Ofen, gehen lassen.

Danach den Teig auf einer bemehlten Fläche noch etwas durchkneten und in zwei gleich große Stücke teilen.

Nun aus den beiden Stücken das Schwert und den Griff formen und zusammensetzen.

Alles mit Wasser bestreichen, mit dem Mohn bestreuen und 30 – 35 Minuten im vorgeheizten Backofen bei 200 °C Umluft backen.

Wenn Sie das Mut-Fest mit mehreren Kindern feiern möchten, können Sie auch für jedes Kind ein Schwert backen. Das Rezept für mehrere kleine Schwerter (siehe S. 64) bedeutet ziemlich viel Teig, daher eventuell die Mengenangaben halbieren, damit alles in die Küchenmaschine passt.

Zutaten

- 30 g frische Hefe
- 1 TL Zucker
- etwas lauwarmes Wasser
- 500 g Weizenmehl (550)
- 80 g Hartweizengrieß
- 1 gestrichenen EL Salz
- 250 ml lauwarmes Wasser
- 4 EL Öl (Sonnenblumen oder Rapsöl)
- 2 EL Mohn und noch mal etwas Wasser

Möchten Sie für jedes Kind ein eigenes kleines Schwert backen, können Sie folgendes Rezept nutzen:

10 Schwerter à 20 cm

- **120 g frische Hefe (3 Würfel)**
- **4 TL Zucker**
- **etwas lauwarmes Wasser**
- **2 kg Weizenmehl (550)**
- **320 g Hartweizengrieß**
- **4 gestrichenen EL Salz**
- **1 Liter lauwarmes Wasser**
- **16 EL Öl (Sonnenblumen oder Rapsöl)**
- **8 EL Mohn (und noch mal etwas Wasser)**

Der Teig wird genauso zubereitet wie beim großen Schwert (S. 63). Daraus werden zehn kleine Schwerter geformt. Die Schwerter ca. 15 Minuten bei 200 °C Umluft backen, bis sie leicht braun sind. Es werden mehrere Bleche benötigt, daher etwas mehr Zeit einplanen.

MICHAEL

SCHÖNE SPIEL-, BASTEL- UND WERKIDEEN FÜR ALLE FESTE MIT KINDERN

Was wäre ein Fest mit Kindern ohne schöne Spiele, Bastelideen und kleine Werkarbeiten, die diesen Tag zu etwas ganz Besonderem machen? Je nach Art des Festes oder Alter der Kinder kann man verschiedene Aktivitäten anbieten und jeder findet mit Sicherheit etwas, das ihm Spaß macht.

BAUMKUNST AUS TON

Ist bei Ihrem Fest ein Baum in der Nähe, ist dies eine schöne Kreatividee, die allen Kindern gefällt. Der Baum wird während des Festes von den Kindern mit Ton und Naturmaterialien verziert. Hierbei gestalten die Kinder erst verschiedene Gesichter, Tiere und andere Skulpturen. Die noch weichen Kunstwerke aus Ton werden an die Rinde des Baumes gedrückt, wo sie trocknen und hängen bleiben. Diese Baumkunst ist ein so wunderschöner und lustiger Anblick und für die Natur völlig unbedenklich.

Man braucht Ton in Terrakotta oder in Weiß und verschiedene Materialien aus der Natur wie kleine Stöcke, Blätter, Eicheln, Kastanien, Gräser, Moos, Bucheckern, Blumen oder Federn. Dazu noch etwas Werkzeug wie lange Holzstäbe, Küchenmesser und kleine Rollen, um Gesichter oder die Skulpturen zu verzieren. Eine Schale mit Wasser zum späteren Händewaschen und ein Handtuch. Dazu noch eine Unterlage oder Wachstischdecke, auf der der Ton nicht zu sehr festklebt. Zum Abnehmen der Tonfiguren eignen sich auch gut Teigschaber.

So wird die Baumkunst gemacht

Vom Tonklumpen mit den Händen, einem Messer oder einem Stück Band ein Stück abtrennen und mit den Händen richtig schön weich kneten.

Nun eine Figur, ein Gesicht, ein Tier oder anderes daraus formen und es mit den Naturmaterialien verzieren. Der Fantasie sind dabei keine Grenzen gesetzt!

Die fertigen Tonwerke werden danach einfach mit den Händen fest an den Baum gedrückt. Schon ist die Baumkunst fertig.

Nehmen Sie zum Verzieren bitte nur Materialien, die aus der Natur sind und auch dorthin wieder zurückgeführt werden können, also zum Beispiel keine bunten Kunststoffperlen, Farben oder Glitzer.

Die Tonkunst hält übrigens erstaunlich lange am Baum, denn meistens schützt die Baumkrone sie vor dem Regen.

Dennoch ist es eine vergängliche Kunst. Irgendwann fällt das Werk doch an die Wurzeln des Baumes, und wenn man es nicht selbst wegräumt, zerfällt der natürliche Ton und löst sich auf. Auch die Naturmaterialien lösen sich im Lauf der Zeit von selbst auf. So wird nach der Baumkunst kein Müll zurückbleiben. Da so ein Baum viel Platz bietet, kann jeder mehrere Figuren oder Gesichter formen. Je mehr am Baum zu entdecken sind, umso schöner sieht er später aus.

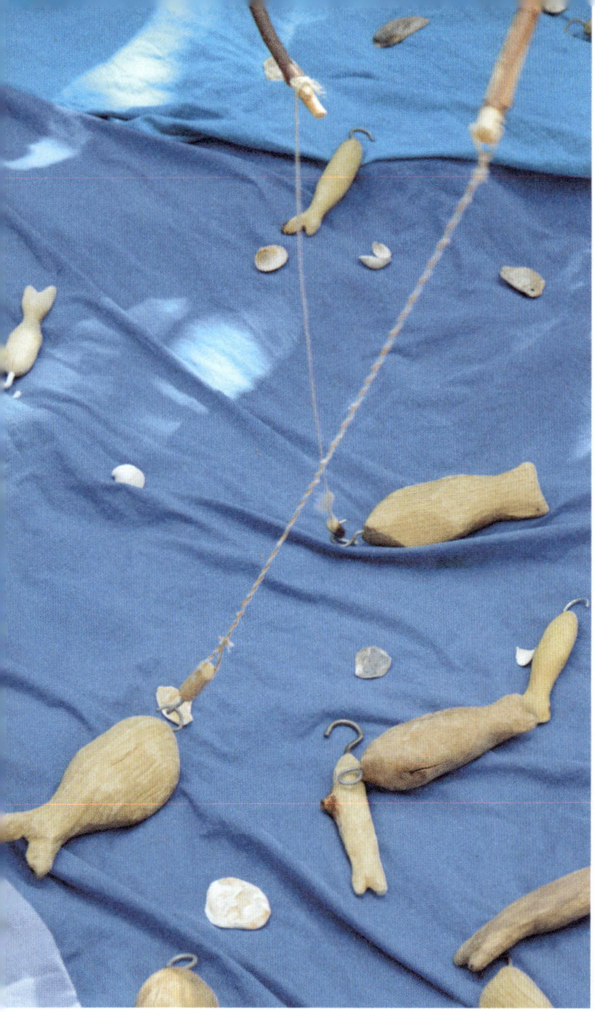

FISCHE ANGELN

Für dieses Spiel braucht man etwas Vorbereitungszeit und Geschick, dafür kann man es auf den Kindergeburtstagen und Festen immer wieder verwenden. Die Kinder lieben es, die Holzfische zu angeln und als Belohnung für ihren Fang ein paar salzige Knabberfische zu bekommen.

Und so wird's gemacht

Zuerst muss man verschiedene Fische schnitzen. Sie können klein und groß, dick und dünn, lang und kurz sein. Der eigenen Fantasie sind dabei keine Grenzen gesetzt. Angemalt werden müssen die Fische nicht, gerade das pure Holz lässt sie schön wirken. Die Fische bekommen alle einen Haken vorne ins Maul gedreht.

An die langen Stöcke wird an einem Ende ein ca. 1 m langes Band geknotet, am anderen Ende wird es mit einer Holzkugel oder einem kleine Holzstückchen beschwert und daran ein weiterer Haken geknotet oder eingedreht.

Nun werden je nach Anzahl der Kinder große blaue Tücher und Bettlaken ausgebreitet, darauf Muscheln und Seesterne als Dekoration verteilt und dazwischen die Holzfische gelegt. Die Kinder können von einer Erhöhung oder direkt vor den Tüchern stehend die Fische angeln. Fünf gefangene Fische werden gegen fünf salzige kleine Knabberfische eingetauscht. Ein großer Spaß für alle kleinen und großen Angelfans.

Für das Angelspiel brauchen Sie:

- gut schnitzbares Holz, z. B. Lindenholz
- Schnitzmesser
- Haken (pro Fisch und Angel jeweils einen)
- feste, längere Stöcke als Angelruten
- Band
- Holzkugeln / -stücke
- Muscheln und Seesterne
- kleine Körbe für die gefangenen Fische
- große Tücher oder Bettlaken in verschiedenen Blautönen
- salzige Knabberfische

GOLD SUCHEN

Eine schöne Idee für ein Spiel auf einem Fest mit
Kindern ist es, Gold zu suchen. Es muss geschüttelt und
gesiebt werden, und wenn man genug Gold geschürft
hat, bekommt man im Tausch einen Goldtaler aus
Schokolade oder Karamell. Da schlägt jedes Goldsucher-
herz gleich höher.

Für das Spiel brauchen Sie

- **eine große Wanne gefüllt mit feinem Sand**
- **kleine Dekosteine / Dekogranulat in Gold oder Gelb
  (aus dem Bastelgeschäft)**
- **feine Küchensiebe oder Sandspielzeugsiebe**
- **kleine Schüsseln zum Umfüllen der Goldstücke**
- **eine Waage**
- **Naschereien in Form von Goldtalern o. Ä.**

Eine große Wanne, beispielsweise eine Zinkwanne,
gut mit feinem Sand auffüllen und ausreichend kleine
goldene oder gelbe Dekosteine untermischen. Es sollten
von der Wannengröße immer zwei bis drei Kinder
gleichzeitig sieben können.

Die ausgesiebten Goldstücke sammelt jedes Kind in
einer eigenen kleinen Schüssel. Auf einer kleine Waage
wird das geschürfte Gold dann mit dem «süßen» Gold
abgewogen. Wer genug gefunden hat, bekommt den
Goldtaler.

Die kleinen Goldstücke werden danach wieder unter den
Sand gemischt und das nächste Kind ist mit dem Gold-
sieben dran.

EDELSTEINE AUSGRABEN

Edelsteine üben auf Kinder eine unglaublich große Faszination aus. Besonders toll ist es, wenn diese erst noch wie Fossilien freigelegt werden müssen. Die Kinder brauchen für die Ausgrabungen einiges an Geduld, aber sobald das erste Stück des Edelsteines hervorblitzt, wird der Ehrgeiz der Kinder geweckt. Da der verwendete Gips beim Bearbeiten staubt, sollte man dieses Spiel draußen machen.

Sie brauchen für die Gipseier

- **eine 12-er-Muffinform (am besten aus Silikon)**
- **1,5 kg Bau- oder Hobbygips**
- **eine Form zum Anrühren**
- **einen Esslöffel**
- **12 Edelsteine (2 – 3 cm groß)**
- **Wasser**
- **dicke Pappe**
- **einen Hammer**
- **einen langen Nagel**
- **eine Schutzbrille pro Kind**

Verwendet man eine feste Muffinform, diese vorher bis über den Rand mit Speiseöl einölen. Den Gips nach Gefühl mit Wasser anrühren, bis er eine breiige Konsistenz hat. Wenn er zu flüssig ist, wieder etwas Gips einstreuen und nochmals umrühren. Die Muffinform halb mit Gips befüllen und ca. 5 Minuten antrocknen lassen. Nun einen großen Edelstein in jede Mitte legen und den restlichen Gips bis zum Rand auffüllen. Weitere 10 – 15 Minuten warten, bis der Gips hart ist. Eine Klopfprobe

machen. Die Muffinform nun umdrehen und die Gipseier vorsichtig mit einem Hammer ausklopfen. Dabei ein Handtuch unterlegen, damit sie nicht kaputt gehen. Bei einer Silikonform die Gipseier vorsichtig herausdrücken.

Damit die Gipseier nicht zu hart werden, sollte man sie nur wenige Tage vor dem Geburtstag oder Fest herstellen.

Für jüngere Kinder kann man auch etwas feinen Sand unter den Gips mischen, dann zerbrechen sie leichter.

Beim Kinderfest oder Geburtstag den Tisch mit dicker Pappe auslegen. Jedes Kind bekommt nun einen langen Nagel, einen Hammer, eine Schutzbrille und ein Gipsei – und los geht's. Darauf achten, dass jedes Kind genügend Abstand zum nächsten Kind hat und alle vorsichtig mit dem Hammer hantieren.

Mein Tipp

Da der Gips beim Abschlagen auch mal in alle Richtungen spritzen kann, empfiehlt es sich, eine Einwegschutzbrille für jedes Kind zu besorgen. Diese kosten nur ein paar Cent, passen auch auf Kinderköpfe und können wiederverwendet werden. Sie werden normalerweise für Operationen benutzt, man bekommt sie im Internet und in manchen Sanitätshäusern.

EDELSTEINE SUCHEN

Die einfachere Variante der Edelsteinsuche ist jene in einer großen Sandkiste.

Macht man bei einem Fest eine Edelsteinsuche, sitzen die Kinder am liebsten stundenlang im Sand und suchen und sieben und sieben und suchen. Hierfür kann man die bloßen Hände zum Graben und Buddeln verwenden oder den Sand mit den Händen in ein Sieb geben und fein durchsieben. Was für eine Freude ist es, wenn dann ein grüner, rosafarbener oder gar blauer Stein plötzlich auftaucht und zum eigenen Schatz wird!

Meine Kinder haben schon so oft Edelsteine in Sandkisten oder Zinkwannen gesucht, dass wir zu Hause eine ganze Sammlung haben und diese gut hüten.

Die Edelsteine kann man in verschiedenen Größen und Mengen im Edelsteingeschäft kaufen oder im Internet bestellen. Für die Schatzsuche braucht man, je nach Anzahl der erwarteten Kinder, eine kleine oder große Sandkiste oder Zinkwannen und eventuell einige Siebe. Ist die Sandkiste hübsch mit Wimpeln umrandet, sieht sie gleich viel festlicher aus.

Vielleicht sollte ein Erwachsener schauen, dass alle Kinder die Möglichkeit bekommen, Edelsteine zu suchen und diese unter Umständen auf eine Anzahl begrenzen. Es gibt immer wieder kleine und größere Schatzsucher, die nämlich am liebsten den Schatz für sich allein heben würden.

APFELSPIRALEN SELBST DREHEN

Eine schöne Idee, egal ob drinnen oder draußen, ist es, mit den Kindern Apfelspiralen selbst zu machen. Man braucht nur einen großen Korb randvoll mit rotbäckigen Äpfeln, aus denen sich jedes Kind seinen Liebling heraussuchen kann. Den Apfelschneider gibt es günstig zu kaufen, vielleicht hat ihn auch schon jemand und man kann ihn für einen Tag ausleihen. Sonst findet er auch nach dem Kinderfest oder Geburtstag eine wunderbare Verwendung, wenn man Apfelringe selbst machen möchte.

Beim Drehen entstehen nun die leckersten Apfelspiralen und längsten Apfelschalen am Stück. Eine große Schüssel unter dem Tisch fängt die Schalen auf und die Kinder schauen gleich nach, wer die Längste gedreht hat. Meistens verputzen sie die Apfelspiralen ganz schnell und wollen gleich noch mal einen Apfel drehen. Da sagt man bei so einem gesunden Snack doch gerne «ja».

KLEINE SCHMUCKWERKSTATT

Eine besonders schöne Bastelidee für Kinder im Schulkinderalter ist es, mit ihnen Armbänder, Schlüsselanhänger oder Ketten selbst zu fädeln. Man braucht dafür eine schöne Auswahl an bunten Perlen, Anhängern oder Schmucksteinen mit Loch. Diese gibt es oftmals auf Flohmärkten, aus zweiter Hand oder in Restpostenmärkten in größeren Mengen. Man kann auch alte Ketten aufmachen und die Perlen wiederverwenden.

- viele verschiedene Perlen, Schmucksteine und Anhänger
- flexible Nylonschnüre oder dünne Lederbänder
- ggf. Schlüsselringe
- kleine Schälchen
- Scheren
- pro Schmuckstück zwei Quetschhülsen
- pro Schmuckstück ein Verschluss
- kleine Kneifzange

Jedes Kind bekommt zuerst ein Band oder eine Nylonschnur in der gewünschten Länge. Hier sollte man zusätzlich mindestens 2 – 3 cm für den Verschluss einplanen.

In verschiedene Schälchen die Perlen, Steine und Anhänger hinstellen, und schon kann das Auffädeln beginnen. Dabei muss ein Ende gut festgehalten werden, damit die Perlen nicht wieder herunterrutschen.

Mit viel Mühe und Liebe entstehen nun die schönsten und individuellsten Schmuckstücke oder Schlüsselanhänger. Um das Schmuckstück gut zu verschließen, gibt es mehrere Varianten und Arten von Verschlüssen: Schraubverschlüsse, kleine Karabinerhaken, Schnappverschlüsse oder Quetschhülsen.

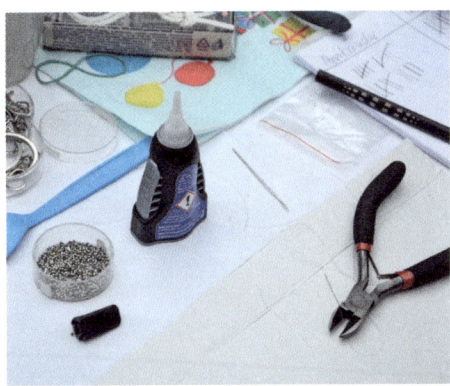

Bei einer Quetschhülse jeweils das Ende des Bandes zu einer Schlaufe formen, in der sich die Öse des Verschlusses befindet, und die Hülse mit der Kneifzange flach drücken. Oder einen Doppelknoten um den Verschluss machen und das Ende mit einer Quetschhülse verschließen. Bei einem normalen Knoten löst sich das Band meist ganz schnell wieder und alle Perlen rutschen herunter. Das wäre doch schade!

HOLZSCHIFFE BAUEN

Kinder lieben es, mit Wasser zu spielen! Wie wäre es auf einem Kindergeburtstag oder Sommerfest mit einer großen Zinkwanne, in der Kinder ihre selbst gebauten Schiffe fahren lassen können?

Material
- kleine und mittelgroße Holz- oder Rindenstücke
- dünne Äste (für den Mast)
- weißes Papier
- Wachsmalblöcke oder Stifte
- einen Locher
- Schere(n)
- einen mittelgroßen Handbohrer oder Klebwachs

Und so werden die Holzschiffe gebastelt

Zuerst sucht sich jedes Kind sein liebstes Holz- oder Rindenstück aus. Die dünnen Äste werden per Hand auf ca. 17 cm gebrochen und sollten keine Erhebungen von weiteren Ästen mehr haben, damit das Segel später beim Überstreifen nicht zerreißt. Das überstehende Holz mit der Schere abschneiden oder mit einer Feile etwas abfeilen.

Nun ein Segel auf das weiße Papier aufmalen. Die untere und rechte Seitenlänge des Segels beträgt ca. 10 cm, die linke Schräge beträgt rund 14 cm. Das Segel ausschneiden und nach den eigenen Wünschen anmalen. An der unteren Seite jeweils in die rechte und linke Ecke ein Loch mit dem Locher einstanzen.

Ältere Kinder können nun versuchen, mit dem Handbohrer in die Mitte des Holzstückes ein Loch zu bohren, um dort den Mast einzustecken. Jüngere Kinder, oder wenn das Holz zu hart ist, nehmen einfach zwei erbsengroße Stücke Klebwachs und rollen diese zu einer Kugel. In diese Kugel wird der Ast gesteckt und dieser mit dem Klebwachs auf die Mitte des Holzstückes gedrückt.

Das bemalte Segel mit den beiden Löchern über den kleinen Ast ziehen, fertig ist das Holzschiffchen und bereit, in See zu stechen. Dafür eine mit Wasser gefüllte Schale oder Zinkwanne nehmen, die Schiffe hineinsetzen und mit einem kleinen Fingerstups oder starkem Pustewind fahren lassen.

Hinweis:
Kleine Kinder bitte nicht unbeaufsichtigt am Wasser spielen lassen.

SEIFENBLASENRINGE AUS PFEIFENPUTZERN

Seifenblasen gehören auf jedes Fest mit Kindern! Egal ob in Klein oder als riesengroße Seifenblasen, es ist immer wieder faszinierend, den wabernden, glitzernden und so vergänglichen Blasen im Himmel hinterherzuschauen. Selbst Jugendliche und Erwachsene machen gerne mit und werden dabei wieder zum Kind. Mit Pfeifenputzern und Holzperlen kann man ganz einfache Seifenblasenringe machen, die toll funktionieren und für jede Menge Spaß sorgen.

So bastelt man die Seifenblasenringe aus Pfeifenputzern

Den Pfeifenputzer einmal in der Mitte knicken und durch eine Perle schieben. Die Perle so weit hochziehen, bis noch 5 – 7 cm zum Rand übrig bleiben. Aus dem oberen Stück einen Kreis biegen.

Danach auf den Pfeifenputzer zwei weitere Kugeln schieben und diese am unteren Rand stehen lassen, damit sie die Drahtspitze abdecken.

Als Variationen kann man den Pfeifenputzer auch noch in sich drehen, bevor die zwei unteren Kugeln aufgeschoben werden. Oder das ganze Stück entlang verschiedene Perlen auffädeln.

Die Seifenblasenringe nun in ein Schälchen mit fertiger oder selbst angerührter Seifenblasenmischung tauchen und schon kann der Pustespaß beginnen.

Material

- Pfeifenputzer
- Holzperlen in der Größe 11 – 12 mm mit einem Lochdurchmesser von 4 mm
- selbst gemachte oder fertige Seifenblasenmischung (z. B. die Mischung für Riesenseifenblasen auf Seite 82)

RIESENSEIFENBLASEN MACHEN

Seifenlauge für Riesenseifenblasen

- ½ Liter lauwarmes Wasser
- ½ Liter reiner hochprozentiger Alkohol aus der Apotheke
- 1 ½ EL Guarkernmehl
- 2 EL Backpulver
- 250 ml Fairy Ultra-Spülmittel (leider funktionieren viele andere Spülmittel nicht, daher bitte genau dieses verwenden)
- für eine starke Festigkeit kann man noch ½ TL Kleister verwenden (in kaltem Wasser vorher aufgelöst)
- 3 Liter kaltes Wasser

Große Seifenblasenringe selbst machen

- dicke Wolle, 1,50 – 4 m lang
- 2 lange Stöcke
- 2 Ösenschrauben (aus dem Baumarkt)

Große Seifenblasen sind der Hingucker auf jedem Fest, und alle wollen es ausprobieren. Da lohnt es sich, von den großen Seifenblasenringen (siehe Anleitung unten) gleich mehrere anzufertigen, damit ganz viele große Seifenblasen zum Himmel aufsteigen können. Es gibt verschiedene Möglichkeiten, die Lauge selbst zu machen. Dieses Rezept hat sich auf einigen Festen bewährt.

Die Zutaten (bis auf das kalte Wasser) mit einem Schneebesen in einer großen Schüssel oder einem Eimer vorsichtig verrühren, sodass wenig Schaum entsteht, aber sich alles aufgelöst hat. Danach das kalte Wasser hinzugeben und noch einmal umrühren. Fertig ist die Seifenblasenlauge.

In die Stockenden jeweils eine Ösenschraube eindrehen. Die Wolle in einem Stück durch die Ösenschrauben ziehen und fest verknoten. Fertig ist der Seifenblasen-Stab für die Riesenseifenblasen.
Man kann in den Wollkreis auch weitere Kreise mit Wolle einbinden. Dann gibt es gleich einen ganzen Schwung an Riesenseifenblasen.
Das Band in die Schüssel mit der Seifenblasenlauge halten, vorsichtig hochnehmen und mit Schwung durch die Luft ziehen. Staunende Augen sind garantiert!

REGENBOGENZAPFEN-POI BAUEN

Ein großer Spaß auf Festen mit Kindern sind Zapfen-Pois, die sich regenbogenbunt in der Luft drehen. Man kann sie ganz leicht und mit wenigen Materialien selbst machen. Jedoch sollten die Kinder beim Drehenlassen etwas Abstand halten, damit sie sich nicht gegenseitig treffen.

Material

- pro Kind 1 – 2 Kiefernzapfen
- pro Zapfen 1 Schraube, ca. 3 cm lang
- Kreppband in verschiedenen Farben auf der Rolle
- eine Schere
- ein festes Band, ca. 30 cm lang
- einen Akkuschrauber

So wird der Regenbogenzapfen-Poi gemacht

In den Boden der Kiefernzapfen werden die Schrauben mit dem Akkuschrauber mittig bis auf einen Zentimeter eingeschraubt. Ältere Kinder schaffen dies schon oft allein, den Jüngeren einfach Hilfestellung geben. Hat man keinen Akkuschrauber zur Hand, kann man auch versuchen, die Schrauben mit der Hand einzudrehen.

Von dem gerollten Krepppapier mit der Schere fingerbreit jeweils ein Stück abschneiden. Man braucht drei bis vier verschiedene Bänder. Jedes Kreppband ist ungefähr 60 – 80 cm lang. Diese zusammen um die Spitze des Kiefernzapfens binden und verknoten. Das abstehende Ende unter den Knoten klemmen.

Nun das Band um die Schraube binden und mehrmals fest verknoten, damit es sich nicht vom Zapfen löst. Fertig ist der Zapfen-Poi.

Das Ende vom Band einmal um die Hand wickeln und gut festhalten. Den Zapfen-Poi seitlich am Körper drehen. Man kann ihn vorwärts und rückwärts drehen, über dem Kopf oder vor der Brust. Man kann sich auch zusammen mit dem drehenden Poi drehen oder dabei gehen. Ein großer Spaß ist es auch, wenn sich in jeder Hand gleichzeitig ein Zapfen-Poi in wunderschönen Farben dreht. Es sind unzählige Spielvarianten möglich.

HOLZSKIER-WETTRENNEN

Dieses Spiel macht unglaublich viel Spaß, braucht aber etwas Platz und lässt sich am besten auf einer Rasenfläche spielen.
Jeweils zwei Kinder nutzen ein Paar Skier und laufen damit zusammen einen Hindernisparcours. Wenn man vier Skier hat, können jeweils zwei Kinder eine gerade Strecke gegeneinander laufen. Gar nicht so einfach, wenn alle Füße immer das Gleiche machen müssen und keiner hinfallen möchte. Die Holzskier haben wir selbst gebaut, alle Materialien dafür gibt es im Baumarkt.

Hierfür braucht man

- **zwei abgerundete Bretter, jeweils mit einer Breite von 10 cm, einer Dicke von 1,5 cm und einer Länge von 1 Meter**
- **pro Skier zwei 20 cm lange Gurtbänder für die Füße, also insgesamt vier Gurtbänder; diese gibt es als Meterware im Baumarkt**
- **pro Gurtband 4 Schrauben (8 Schrauben insgesamt) mit Unterlegscheiben, um diese an den Skiern zu befestigen**

Die Gurtbänder jeweils 25 cm vom Ende des Holzbrettes auf beiden Seiten mit den vier Schrauben befestigen, schon sind die Holzskier fertig.
Nun einen Hindernisparcours bauen oder eine gerade Laufstrecke markieren. Schon kann der Spaß beginnen. Auf die Plätze, fertig, los!

HUFEISENWERFEN

Ein sehr beliebtes Spiel auf Kinderfesten ist das Hufeisenwerfen. Hierbei gibt es verschiedene Varianten, jedoch braucht man immer ein paar echte Hufeisen. Diese bekommt man mit etwas Glück bei einem Hufschmied oder kauft gebrauchte Hufeisen über den Anzeigenmarkt in der Zeitung oder im Internet.

Als Ziel kann ein großer Korb verwendet werden oder ein dicker Stock oder Stab, der in den Boden gesteckt wird. Die Hufeisen werden von einem festen Punkt aus geworfen, und wer am meisten trifft, gewinnt.

Richtig glücklich sind die Kinder auf einem Kindergeburtstag, wenn sie am Ende der Feier jeder eines der Hufeisen mit nach Hause nehmen dürfen.

Das Hufeisenwerfen ist übrigens auch bei Erwachsenen sehr beliebt.

STELZENLAUF FÜR KINDER

Stelzen gibt es als lange Holzstelzen, mit denen die Beine verlängert werden und man viel Gleichgewicht braucht, um ein paar Schritte zu gehen. Und es gibt sie als kleine Laufstelzen, mit richtigen Dosen oder aus Kunststoff und mit Bändern zum Festhalten.

Eine weitere Variante sind Laufstelzen aus Holz mit reißfestem Band dran, die man auch leicht selbst bauen kann. Alles, was man an Material benötigt, gibt es im Baumarkt.

Material für 1 Paar

- **2 Baumscheiben mit einem Durchmesser von ca. 15 cm und einer Dicke von ca. 5 cm**
- **eine Bohrmaschine**
- **dicke, reißfeste Kordeln mit einer Länge von jeweils 1,50 m**

So werden die Laufstelzen gemacht

In die Baumscheiben jeweils gegenüberliegend ein Loch durchbohren. Die Kordel durchstecken und am unteren Ende knapp verknoten. Damit die Kordel, die meistens aus einem Teil Polyester besteht, nicht ausfranst, kann man durch kurzes Erhitzen mit einem Feuerzeug oder über einer Kerze die Enden noch verschließen.

Schon sind die Laufstelzen fertig, mit denen die Kinder nun Geschicklichkeitsläufe oder ein Wettrennen veranstalten können.

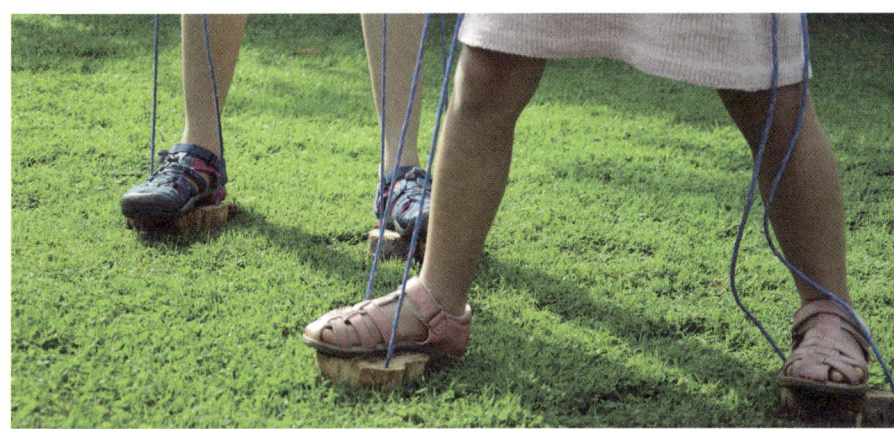

STECKENPFERDE-PARCOURS

Ob Junge oder Mädchen – alle lieben es, mit Steckenpferden herumzugaloppieren. Ob auf einem Sommerfest, einem Fest in der Turnhalle oder auf einem Kindergeburtstag, überall kann man wunderbar einen Steckenpferde-Parcours aufbauen. Dabei geht es über Stock und Stein, und am Ende bekommt das Pferd mit seinem Reiter eine frische Möhre samt Möhrengrün, die bisher immer sofort weggeknabbert wurde.

Einen Parcours kann man mit Seilen, Hütchen, erhöhten Rundhölzern oder Stöcken, Baumstämmen und vielen anderen Hindernissen aufbauen. Auf einem Kinderfest hatten die Steckenpferde sogar einen eigenen kleinen Stall mit Strohballen, Futterkrippe und Namensschildern.

Am allerschönsten ist der Pferdeparcours, wenn die Steckenpferde dafür selbst gebaut sind. Als Bastelidee während eines Festes ist diese Aufgabe zu zeitaufwendig, da das Einfädeln der Mähne etwas länger dauert. Aber die kleinen und großen Festveranstalter können die Steckenpferde im Vorfeld selbst anfertigen und immer wieder einsetzen.

STECKENPFERDE SELBST MACHEN

Material

- einen stabilen Stock (in der Höhe bis zur Schulter des stehenden Kindes)
- damit der Kopf nicht zu klein oder groß wird, einen alten oder neuen Strumpf in der Größe zwischen 38–42
- Füllwatte, pro Strumpf ca. 150 – 200 g
- zwei gleiche Knöpfe für die Augen
- Bastelfilz für die Ohren
- Wolle für die Mähne
- Sticknadeln oder Wollnähnadeln mit großem Nadelöhr, durch die die Wolle passt
- eine Nähnadel und Garn passend zum Bastelfilz für die Ohren und den Knöpfen
- eine Schere
- ein Maßband

Und so werden die Steckenpferde gefertigt

Zuerst werden die Strümpfe mit der Füllwatte gestopft. Dabei die Füllwatte nach und nach in Form eines länglichen Kopfes bringen.

Wenn der Strumpf ganz fest gefüllt ist, den Strumpf über den Stock stülpen und mit einem Strang Wolle fest umwickeln und verknoten.

Nun die Knöpfe positionieren und aufnähen. Zwei Ohren aus Bastelfilz ausschneiden, die Spitze zusammendrücken und jeweils ein Ohr seitlich am Strumpfkopf festnähen. Für die Ohren können Sie auch die Vorlage im Anhang auf S. 137 verwenden.

Nun kommt die Mähne an die Reihe. Dafür möglichst viele Wollfäden mit einer Länge von 40 cm abschneiden. Diese mit der Nadel auffädeln und zwischen den Ohren einmal durchziehen. Eine Seite des Wollfadens festhalten, die andere Seite durchziehen und die Nadel entfernen. Nun den Wollfaden zweimal verknoten. Die Mähne eng anliegend nach unten und ein Stück nach oben zwischen den Ohren einarbeiten (siehe nebenstehende Fotos).

So wird jeder Wollfaden aufgefädelt, bis eine Mähne entsteht. Wie dicht diese sein soll, kann jeder Pferdebesitzer selbst entscheiden. Für Kinder ist dies die aufwendigste Arbeit, die einiges an Geduld erfordert. Aber dann ist das Steckenpferd fertig und die Freude und Liebe riesengroß!

SPECKSTEINE SCHLEIFEN

Für das Specksteinschleifen benötigen Sie

- **Specksteine in verschiedenen Größen und Formen (aus dem Bastelgeschäft, einigen Baumärkten oder im Internet)**
- **Schleifpapier (K60 und K120) und Wasserschleifpapier (K500 und K1200)**
- **kleine Raspeln (aus dem Baumarkt, Bastelgeschäft oder Internet)**
- **eine größere Schale mit Wasser**
- **einige Handtücher**
- **Naturharzöl**
- **mehrere kleine Baumwolltücher**
- **eine abwaschbare Unterlage für den Tisch**
- **eventuell einen Korb oder eine Schale für die Specksteine**
- **Lederbänder für Anhänger oder Ketten**

Mein Tipp

Beim Schleifen von Specksteinen entsteht viel Steinstaub. Daher eignet sich das Specksteinschleifen besonders für Feste, die draußen stattfinden. Man kann den Steinstaub von der Kleidung später gut mit einem Staubsauger entfernen. Bearbeiten die Kinder ihre Steine auf leicht angefeuchteten Handtüchern, haftet der Staub daran.

Egal ob als Bastelangebot auf einem Kindergeburtstag oder einem großen Fest. Mädchen und Jungen verschiedener Altersstufen lieben es, mit ihren eigenen Händen aus den Specksteinen etwas zu gestalten.

Jedes Kind sucht sich seinen liebsten Speckstein aus, schaut ihn sich gut an und überlegt, was daraus werden soll: eine Form (z.B. ein Herz), ein Tier, ein Handschmeichler, ein Anhänger für eine Kette, ein Briefbeschwerer oder ein Kartenhalter. Möglichkeiten gibt es viele.

Danach wird der Speckstein mit einer Raspel oder grobem Schleifpapier in der Körnung 60 in die gewünschte Form gebracht. Danach nimmt man feines Schleifpapier in der Körnung 120 und bearbeitet damit nochmals alle Flächen.

Sind alle tiefen Kratzer verschwunden, wäscht man in einer Schale mit Wasser den Stein ab und schleift diesen mit extra Wasserschleifpapier in der Körnung 500 direkt in der Schale weiter. Alternativ kann man auch das Schleifpapier nass machen und damit außerhalb der Schale weiterschleifen.

Möchte man die Oberfläche ganz glatt haben, kann man noch Wasserschleifpapier in der Körnung 1200 anwenden. Der Stein wird dadurch immer glatter.

Nun wird der Speckstein gut abgetrocknet und mit den Baumwolltüchern etwas Naturharzöl eingerieben und mit kreisenden Bewegungen einpoliert. Dieser Vorgang wird so lange wiederholt, bis der Stein sich vollgesogen hat und wunderschön glänzt. Fertig ist er.

LAUBSÄGEN MIT KINDERN

Sie brauchen

- einen festen Tisch mit Stühlen
- mehrere kleine Laubsägen
- genauso viele Schraubzwingen
- Laubsägeblätter (für Anfänger eignen sich die mittlere Größen 3 und 4, die zu feinen Laubsägeblätter brechen sehr schnell
- weiche Birken-, Pappel oder Buchensperrholzplatten (aus dem Baumarkt)
- feines Schleifpapier zur Nachbearbeitung der gesägten Ränder
- einfache Vorlagen (z.B. Stern, Herz, Apfel, Birne, Igel)
- eventuell Wachsmalstifte und Buntstifte
- ein Erste-Hilfe-Set mit Pflastern und Wundspray (für den kleinen Notfall)

Hinweis

Das Laubsägen würde ich mit Unterstützung eines Erwachsenen ab einem Alter von 6 bis 7 Jahren empfehlen.

Kinder lieben es, mit richtigem Werkzeug zu arbeiten, und das Laubsägen wird von allen immer besonders gerne gemacht. Hierfür braucht es einiges an Vorbereitung, aber der Spaß ist garantiert. Das Besondere an den Laubsägen ist, dass man mit ihnen, im Gegensatz zu anderen Sägen, auch gut Rundungen sägen kann.

Und so wird's gemacht

Aus der Sperrholzplatte mehrere gleich große Quadrate sägen. Die Vorlagen (siehe Anhang ab Seite 132) auf Papier ausdrucken, ausschneiden und mit einem Bleistift auf die Sperrholzquadrate aufzeichnen.

Jedes Kind bekommt nun eine Laubsäge mit bereits eingesetztem Sägeblatt, eine Schraubzwinge und eine gewünschte Sperrholzplatte mit Vorlage.

Die Platte wird mit der Schraubzwinge am Tisch befestigt – und los geht es mit dem Aussägen. Dabei immer gut aufpassen und sich konzentrieren, damit es keine Unfälle gibt.

Wenn ein Kind noch nie mit einer solchen Säge gearbeitet hat, kann man vor dem eigentlichen Werkstück auch an einem Testholz üben. Danach kann es sich beherzt und freudig an die Arbeit machen!

Nach dem Sägen die Kanten und Rundungen mit dem Schleifpapier glatt schleifen. Wer möchte, kann sein Motiv noch anmalen.

LAUBSÄGEN

LAUBSÄGEN

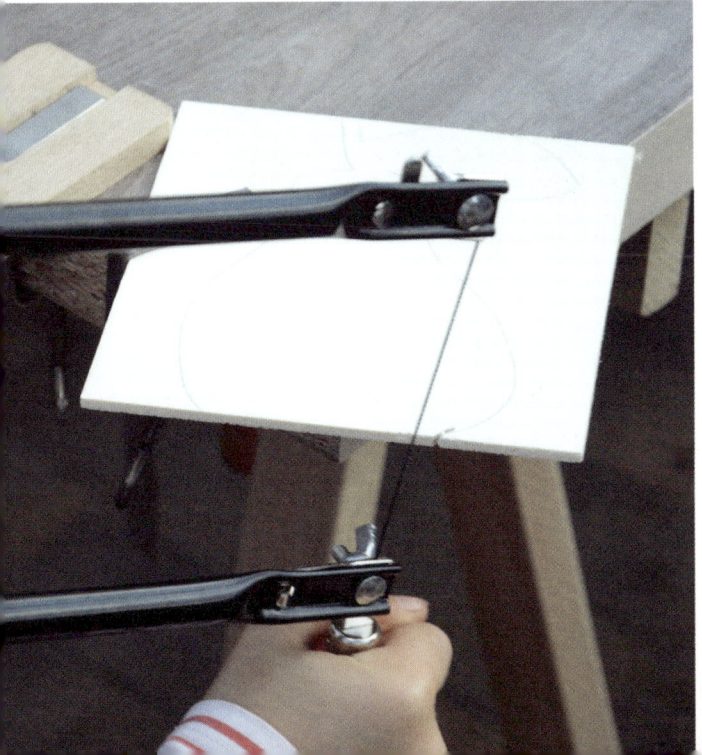

SCHWINGSTÄBE BASTELN

Die Schwingstäbe eignen sich für jedes Fest mit Kindern, brauchen wenige Materialien und sind schnell gemacht. Mädchen und Jungen mögen sie gleichermaßen gerne, und es ist traumhaft schön anzusehen, wenn viele Kinder auf einem Fest ihre bunten Stäbe durch die Luft schwingen.

Material

- **einen langen Stock**
- **bunte lange Kreppbänder**
- **ein Gummiband**

Die Kreppbänder werden an einem Ende des Stockes um den Ast gewickelt und mit dem Gummiband fixiert. Schon ist der Schwingstab fertig und kann in Regenbogenfarben durch die Luft wirbeln.

DAS FAST VERGESSENE SACKHÜPFEN

Der Klassiker unter den Kinderspielen, der aber leider, wie das Dosenwerfen, immer mehr in Vergessenheit gerät. Für das Sackhüpfen braucht man nicht viel und doch macht es allen Kindern riesen Spaß. Auch die Großen hüpfen gerne um die Wette, und beim schwedischen Mittsommerfest ist es eines der beliebtesten Spiele unter den Erwachsenen.

Hierfür braucht man mehrere Säcke, zum Beispiel Jutesäcke, Kartoffelsäcke oder Hüpfsäcke, die man in Röstereien, in einigen Sport- und Spielwarengeschäften und im Internet bekommt. Dazu eine große Rasenfläche, eine Turnhalle oder einen Sportplatz – und schon kann das Wetthüpfen beginnen. Sehr lustig ist es auch, einen Parcours aufzubauen, der dann – allein oder von mehreren gleichzeitig – gehüpft werden muss.

BLUMEN BESTÄUBEN

Ein schönes Spiel für Kinderfeste ist es, Blumen zu bestäuben. Hierfür braucht man einiges an Material und Zeit, um es vorzubereiten. Ist es fertig gebastelt, kann man es aber immer wieder verwenden.

Zuerst werden einige der süßen Zapfenbienen selbst gemacht. Die Anleitung hierfür gibt es auch in meinem Buch *Frühling, Sommer, Äpfel, Winter: Das kreativ-köstliche Jahreszeitenbuch*. Da die Bienen für das Spiel benötigt werden, kommt die Anleitung hier noch einmal.

ZAPFENBIENEN

Bienen

- verschiedene Zapfen
- Schere
- Kleber
- einen braunen Stift
- gelbe Wolle
- dickes, weißes Papier für die Augen
- Butterbrotpapier oder weißes Transparentpapier für die Flügel
- die Vorlage für die Flügel finden Sie auf Seite 137
- einen Magneten mit Öse pro Biene (aus dem Baumarkt)

Und so wird's gemacht

Zuerst nehmen die Kinder einen langen Faden von der gelben Wolle, schneiden diesen ab und wickeln ihn um den Zapfen. Danach wird, zum späteren Aufhängen, ein langes Stück Wolle einmal um den Bienenkörper gewickelt und geknotet. Die Flügel werden anhand der Vorlage aufgemalt, ausgeschnitten und an diesem langen Faden einmal eng am Körper festgeknotet. Dabei brauchen die

Blumen

- verschieden große Holzscheiben
- weißen oder farbigen Fotokarton
- Stifte
- Schere
- einen Elektrotacker

Blütenpollen

- Wollreste
- eine Schere
- jeweils einen Magneten mit Öse pro Blütenpolle

Kinder etwas Hilfe. Danach werden noch zwei Augen auf dem dickeren weißen Papier aufgemalt, ausgeschnitten und auf den Bienenkopf geklebt. Der Magnet wird unter dem Bienenbauch durch die Öse mit einem Band verknotet.

Nun braucht man einen langen Stock, an dem man die Biene aufhängen und fliegen lassen kann. Für das Spiel werden zwei bis vier fliegende Bienen benötigt.

Für die Blumen nimmt man eine dicke Holzscheibe und pro Blume sieben lange Blütenblätter, die erst ausgeschnitten und danach bunt bemalt werden. Die Blütenblätter werden mit einem Elektrotacker auf der Holzscheiben befestigt. Fertig ist die wunderschöne Blume. Für das Spiel braucht man acht bis zehn Blumen.

Die Wolle für die Blütenpollen wird in mehrere gleichlange Stücke geschnitten, mit einem Faden umwickelt und verknotet und daran der Magnet befestig. Auf jedes Blütenblatt wird nun eine Polle gelegt, die die Kinder nacheinander mit ihrer Biene einsammeln müssen. Daher werden recht viele Blütenpollen benötigt.

Besonders schön ist es, wenn jedes Kind an einer festen Stelle ein kleines Körbchen hat, in das es seine gesammelten Blütenpollen ablegen kann.

Mit älteren Kinder kann man auch ein Wettspiel daraus machen. Hierbei lassen mehrere Kinder gleichzeitig ihre Bienen fliegen:

Wer zuerst sieben Blütenpollen in seinem Körbchen hat, hat gewonnen.

Oder: Wer am meisten Blütenpollen in seinem Körbchen hat, wenn alle eingesammelt sind, hat gewonnen.

ZAUBERSTÄBE FILZEN

Meine Kinder lieben alles, was mit Feen, Elfen, Zauberern und Hexen zu tun hat. Am allerliebsten mögen sie die selbst gefilzten. Die gehen ganz einfach und können wunderbar auf jedem Fest mit Kindern selbst gemacht werden.

Von der Filzwolle werden kleine Stücke abgezupft und auf Schwämmen in die Sternen-Ausstecher gelegt. Mit der Filznadel werden sie trocken miteinander verfilzt. Der Stern sollte dabei regelmäßig gewendet werden und vor allem die Ränder müssen gut gefilzt werden. Der Stern sollte so dick sein wie die Form hoch.

Wenn der Stern fertig ist, diesen mit einer spitzen Nagelschere etwas aufschneiden, sodass man einen Stock hineinstecken kann. Nun den Stern mit passendem Nähgarn annähen, damit er nicht beim ersten Zauberschlag wieder wegfliegt, zuvor eventuell etwas Kleber am Stock anbringen. Damit der Sterne gut hält, eignen sich Stöcke, die an der Spitze kleine Verästelungen haben.

Für die gefilzten Zauberstäbe brauchen Sie

- Filzwolle
- Filznadeln
- Schwämme
- Sternen-Ausstecher für Plätzchen
- Nagelschere
- Nähgarn und Nähnadel
- pro Zauberstab einen Stock

HENNA-MALEN

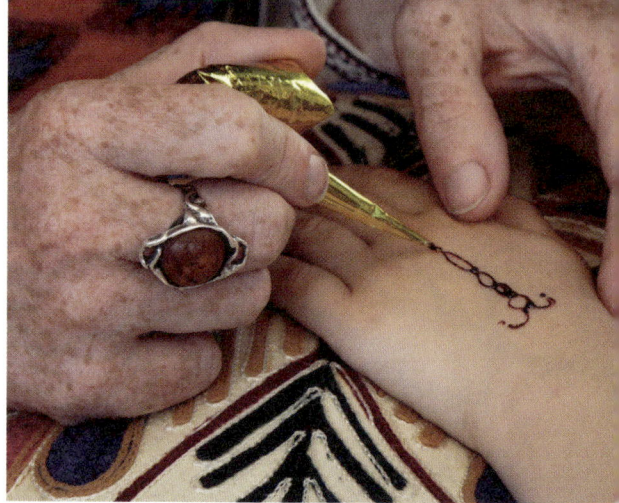

Sehr beliebt bei Kindern ist auf Festen das Bemalen mit Hennafarben. Meistens machen es erfahrene Jugendliche oder Erwachsene und zaubern den Kindern so auf magische Weise Blumen, Tiere, Ornamente und Muster auf die Haut. Natürlich müssen die Eltern mit dieser Hautkunst einverstanden sein, denn die Hennafarbe bleibt – je nach Stelle und Größe – ca. 1 bis 2 Wochen auf der Haut. Auch sollte man vorher fest vereinbaren, welche Körperstelle bemalt werden darf, zum Beispiel nur auf den Händen oder Armen.

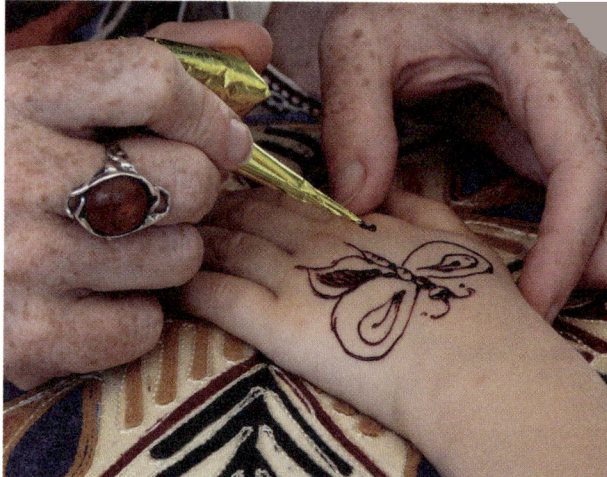

Hennafarben in Kegeltuben eignen sich am besten. Man sollte sich vorher verschiedene Schablonen und Muster heraussuchen und einen kleinen Ordner zum Aussuchen anzulegen, um die Kinder bei ihrer Auswahl des Motivs zu unterstützen.

Ganz wichtig ist es auch, nur natürliches rot-braunes Henna ohne Zusätze wie Ammoniak oder andere schädliche Chemikalien und Farbstoffe zu nehmen. Dazu sollte das Henna immer klinisch getestet sein. Schwarzes Henna ist kein reines Henna und sollte vor allem bei Kindern wegen des Haarfärbemittels P-Phenylendiamin (PPD) nicht aufgetragen werden. Gutes und reines Henna bekommt man in indischen Geschäften oder online.

SCHIFFE ZIEHEN

Dieses Spiel ist uns schon auf vielen Kinderfesten begegnet und immer sehr beliebt. Es braucht einiges an Vorbereitung, denn die zwei bis vier kleinen Schiffe müssen erst geschnitzt werden. Dann kann man sie aber, wie beim Angelspiel (siehe Seite 71), immer wieder verwenden.

An das Schiff kommt mit einer Öse ein langes, reißfestes Band, welches um ein Holzstück gebunden und verknotet wird.

Als «Wasser» nimmt man ein großes Planschbecken, eine längliche Sandkiste, in der Muscheln und Steine als Hindernisse liegen können, oder auch einfach ein großes blaues Bettlaken.

Am Rand sitzen zwei bis vier Kinder und ziehen gleichzeitig ihre Schiffe zu sich heran, auf denen die kostbare Fracht – beispielweise eine Kirsche, ein Keks, eine Murmel oder ein Gummibärchen – liegt. Hierfür müssen die Kinder ihre Holzstücke immer weiter und weiter drehen, bis das Schiff bei ihnen ist. Ahoi Kapitän!

Das Herstellen der Schiffe geschieht wie das der Fische im Angelspiel (siehe Seite 71), nur dass nun Schiffe mit einer Vertiefung geschnitzt werden. Der Boden des Schiffes sollte flach sein, da es beim schnellen Heranziehen sonst leicht kentert.

PAARE FINDEN

Ein sehr beliebtes Spiel für drinnen und draußen ist das Paarefinden. Hierfür braucht man zwei Kissenbezüge und verschiedene Gegenstände, die man paarweise hat oder besorgt.

In den einen Kissenbezug werden für die jüngeren Kinder einfachere Gegenstände gelegt, zum Beispiel Bälle, Legosteine, Holzeier, kleine Autos, Löffel oder was man sonst noch zu Hause findet.

In den zweiten Kissenbezug werden für die etwas älteren Kinder schwierigere Gegenstände hineingelegt, wie beispielsweise Karten, Rührbesen, Formen oder Stifte. Halten Sie einfach mal die Augen offen, was es bei Ihnen zu Hause für mögliche Pärchen gibt.

Nun dürfen die Kinder, je nach Alter, jeweils in das leichte oder schwere Säckchen greifen und fünf Pärchen nur durch Tasten heraussuchen. Manchmal ist es gar nicht so einfach.

Mein Tipp
Man kann in einen dritten Kissenbezug auch verpackte Süßigkeiten legen, aus dem sich die Kinder nach dem Spiel ein Teil nehmen dürfen.

LAGERFEUER – FÜR KINDER DAS GRÖSSTE

Jedes Kind, das ich kenne, liebt Lagerfeuer, und auch wir Erwachsenen können uns der Faszination des Elements «Feuer» nicht entziehen. Kindern macht es besonders viel Freude, wenn sie aktiv mithelfen können – die Lagerfeuerstelle vorbereiten, das getrocknete Holz zusammen sammeln, es aufschichten und anzünden und den flackernden und lodernden Flammen zuschauen. Besonders toll ist es, wenn am Lagerfeuer noch Stockbrot und Marshmallows gebacken werden und Wunschstäbe ins Feuer geworfen werden.

Mein Tipp
Bei einem Lagerfeuer sollte immer ein Erwachsener dabei sein, der das Feuer kontrolliert und die Feuerstelle nicht verlässt. Zudem sollte in der Nähe immer ein kleiner Feuerlöscher oder großer Eimer mit Wasser stehen.

Der beste Stockbrotteig mit Hefe

- 500 g Mehl
- 1 Würfel frische Hefe oder 1 Packung Trockenhefe
- 1 Prise Salz
- 80 g Zucker
- 100 g weiche Butter
- 250 ml lauwarmes Wasser

Im lauwarmen Wasser die Hefe mit dem Salz und Zucker auflösen. Dann das Mehl hinzufügen und einen glatten Teig kneten. Den Teig eine halbe Stunde an einem warmen Ort gehen lassen. Die weiche Butter hinzugeben und den Teig erneut kneten. Eigroße Stücke vom Teig abnehmen und daraus Schlangen rollen. Diese Schlangen eng um die Spitze eines Stockes wickeln. Am Lagerfeuer das Brot backen, bis es goldbraun ist. Dabei die offene Flamme vermeiden, sonst wird das Brot schnell schwarz.

Der beste Stockbrotteig ohne Hefe

- 400 g Mehl
- ½ TL Salz
- 2 TL Backpulver
- 50 g Margarine oder Butter
- 125 ml Milch

Alle Zutaten gut vermengen, bis ein glatter, knetbarer Teig entsteht. Nun wie beim Teig mit Hefe verfahren – und am Lagerfeuer genießen.

Mein Tipp

Der Stockbrotteig lässt sich noch nach Belieben verändern und schmeckt so jedes Mal anders. Man kann noch frische oder getrocknete Gartenkräuter hinzugeben, etwas Knoblauchpulver oder eine zerdrückte Knoblauchzehe und als süße Variante schmecken auch Schokotropfen im Teig sehr lecker.

MARSHMALLOWS FÜRS LAGERFEUER SELBST MACHEN

Marshmallows sind ein amerikanischer Lagerfeuerklassiker, nach dem meine Kinder ganz verrückt sind. Er ist natürlich alles andere als gesund, aber bei Festen darf es diese süße Leckerei geben. Am Lagerfeuer leicht braun gebacken und karamellisiert, schmecken sie auch uns Erwachsenen.

Marshmallows gibt es in verschiedenen Varianten und Farben zu kaufen. Man kann sie aber auch ganz einfach selbst machen und weiß dann auch garantiert, was darin enthalten ist.

Man braucht

- quadratische Auflauf- oder Backform (20 x 30 cm)
- eine Mischung aus 2 EL Puderzucker und 2 EL Speisestärke
- eine Packung Puderzucker (250 g)
- 1 Päckchen Vanillezucker
- 18 g gemahlene Gelatine/Gelatinepulver (das sind 3 Päckchen)
- Öl zum Auspinseln der Backform

Die Auflauf- oder Backform mit Öl einpinseln und mit der Hälfte der Puderzucker-Stärke-Mischung bestäuben. Die Packung Puderzucker mit dem Vanillezucker in einer großen Rührschüssel vermischen. Die Gelatine mit 150 ml Wasser in einem Topf aufkochen, gut mit dem Rührbesen verrühren und kurze Zeit leicht köcheln lassen. Achtung, sie läuft schnell über. Die heiße Wasser-Gelatine-Mischung zu dem Zucker in die Rührschüssel geben und die Masse auf hoher Stufe mindestens 7 – 8 Minuten schlagen. Am Anfang ist die Mischung noch klar, sehr flüssig und recht wenig. Je länger sie in der Küchenmaschine schlägt, umso weißer, fester und fülliger wird die Masse, bis die Rührschüssel gut gefüllt ist. Die Marshmallowmasse in die Form gießen und gleichmäßig verteilen. Sie wird nun ganz schnell fest und zerfließt nicht mehr.

Die Form mit der Marshmallowmasse einen Tag abgedeckt und trocken stehen lassen. Die feste Marshmallowmasse mit einem Messer entlang der Form lösen und auf ein Küchenbrett stürzen. Die Marshmallows in Stücke schneiden, das Öl abtupfen und sie mit der restlichen Stärke-Puderzucker-Mischung bestäuben.

Fertig sind die fluffigen Marshmallows, die die Kinder lieben. Sie halten sich in einer Dose oder einem Glas eine Woche frisch.

WUNSCHSTÄBE FÜR DAS LAGERFEUER

Die Wunschstäbe habe ich das erste Mal bei uns an der Schule kennengelernt, denn sie werden beim Sommerfest ins Lagerfeuer geworfen, und die Kinder und auch Erwachsenen sind immer voller Begeisterung dabei.

Für die Wunschstäbe braucht man nicht viel: frische Blumen, Gräser, Blätter oder getrocknetes Getreide, dazu einen Stock, Band (bitte keines aus Kunststoff), eine Schere, Zettel, Stift und natürlich das Lagerfeuer.

Die Blumen, Gräser und anderen Naturmaterialien werden mit dem Band um den Stock gebunden und gut verknotet. Auf den Zettel schreibt man einen Wunsch, faltet das Papier zusammen und steckt es zwischen die Blumen.

Nun stellen sich die Kinder um das Lagerfeuer und werfen ihre gebundenen Wunschsträuße ins Feuer. Im ersten Moment denkt man, oh je, die schönen Blumen. Aber es ist ein überaus emotionaler Moment, wenn man seinen Wunsch den Flammen übergibt und er mit dem Rauch in die Luft aufsteigt. Am liebsten würde man gleich noch einen Strauß binden. Einmal konnte ich beobachten, wie zwei Mädchen ihre Wunschstäbe gleichzeitig ins Feuer warfen und sich danach umarmten. Daher möchte ich Ihnen dieses schöne Ritual für das nächste Lagerfeuer ans Herz legen. Es hat seinen ganz eigenen Zauber.

EIN KESSEL BUNTES

Hat man ein Lagerfeuer, ist es ein ganz besonderes Fest-erlebnis, darüber mit einem großen Kessel zu kochen. Die allerbeste Suppe entsteht, wenn jeder dafür etwas an Gemüse mitbringt, alle zusammen schälen und schnippeln und die kunterbunte Suppe im Kessel über dem offenen Feuer gart. Das dauert etwas, aber dieses Kocherlebnis ist einmalig und jedes One-Pot-Gericht schmeckt in dem Kessel gleich doppelt so gut. Da essen sogar kleine Gemüsemuffel die ganze Suppenschale leer.

Wir verwenden für unser Kesselkochen über dem offenen Feuer einen emaillierten 15 l-Gulaschkessel mit einem 130 cm hohen dreibeinigen Teleskopgestell. Ist der Kessel zu drei Viertel gefüllt, werden davon zehn Personen gut satt.

Das Gemüse waschen, schälen und kleinschneiden. Viele helfende Hände machen hierbei besonders Spaß. Das Gemüse zusammen mit etwas Öl und dem Wasser in den Topf geben und über dem offenen Feuer zum Kochen bringen. Mit einem Deckel auf dem Kessel fängt es schneller an zu köcheln. Nun noch mit Gemüsebrühe und Salz würzen und abschmecken. Wenn das Gemüse weich ist, eventuell noch die kleingeschnit-tenen Würstchen – mit Fleisch oder vegetarisch – hinzugeben. Dazu schmeckt Pfannenbrot sehr köstlich. Das Rezept gibt's auf der nächsten Seite.

Rezept für eine kunterbunte Kesselsuppe

- 2 rote Paprika
- 12 Möhren
- 2 Zwiebeln
- ein Glas Mais
- 250 g Bohnen
- 2 kg festkochende Kartoffeln
- ein Stück Sellerie
- 3 bis 4 Liter Wasser
- Gemüsebrühe (Menge nach Etikett)
- etwas Salz
- eventuell acht Wiener Würstchen; es gibt auch leckere vegetarische Varianten
- etwas Olivenöl

PFANNENBROT IM FEUER GEBACKEN

Teig

- **700 g Dinkelmehl**
- **1 Würfel Hefe**
- **400 ml lauwarmes Wasser**
- **3 EL Olivenöl**
- **3 EL Salz**
- **verschiedene frische oder tiefgefrorene Gartenkräuter**

Polarbrød

- **340 g Weizenmehl**
- **120 ml warme Milch**
- **90 ml lauwarmes Wasser**
- **½ Würfel frische Hefe**
- **2 TL Salz**
- **1 ½ TL Zucker**
- **etwas Zitronensaft**
- **etwas Butter**

Zur Kesselsuppe gibt es unser Pfannenbrot, das wir gleichzeitig unter dem Kessel backen. Hierfür haben wir zwei «Pfannkuchenpfannen» oder auch «Feuer-Pfannen» aus Gusseisen.

Die Hefe in 50 ml lauwarmen Wasser auflösen. Das Mehl, Salz, Öl und restliche Wasser hinzugeben und gut durchkneten. Den Teig ca. 30 Minuten gehen lassen. Noch einmal durchkneten und dabei die Kräuter hinzugeben.
Die Pfanne etwas einölen. Nun kleine Kugeln formen und pro Pfanne eine Kugel Teig ganz platt und möglichst kreisrund mit den Fingern reindrücken. Über dem Feuer backen, dabei nach ein paar Minuten wenden. Der Teig ergibt zehn Pfannenbrote

Ein weiteres leckeres Rezept für Pfannenbrot ist das schwedische Polarbrød.
Die Hefe wird zerbröselt und im lauwarmen Milch-Wasser-Gemisch aufgelöst. Hinzu kommt der Zucker. Nun ungefähr 15 Minuten gehen lassen. Salz, Mehl und Zitronensaft hinzugeben und alles miteinander verkneten.
Der Teig wird in 10 Kugeln aufgeteilt und diese rund ausgerollt oder platt gedrückt. Abgedeckt noch weitere 30 Minuten gehen lassen.
Die Pfanne etwas mit Butter einfetten und jeden Fladen ein paar Minuten in der Pfanne über dem offenen Feuer von beiden Seiten backen.

Weitere Informationen zum Verlag Freies Geistesleben
und seinen Büchern finden Sie im Internet:
www.geistesleben.com | www.facebook.com/geistesleben

☐ Bitte senden Sie mir das aktuelle Gesamtverzeichnis

☐ Ich bin auch an E-Books interessiert

☐ Schicken Sie mir bitte Ihren monatlichen Newsletter

☐ Hiermit stimme ich zu, dass der Verlag die unten genannten Daten zur Abwick-
lung des Auftrages verarbeiten darf. Im Rahmen der Auftragsverarbeitung ist
möglicherweise eine Weitergabe an Dritte erforderlich. Unsere Datenschutz-
erklärung können Sie unter: www.geistesleben.com einsehen.

Unterschrift

E-Mail:

Absender:

Name

Straße / Postfach

Postleitzahl / Ort

Deutsche Post ✪
WERBEANTWORT

An den
Verlag Freies Geistesleben
Postfach 13 11 22
70069 Stuttgart

Liebe Leserin, lieber Leser,

mit dieser Karte können Sie uns Ihre Fragen und Wünsche
oder Ihre Meinung zum Buch mitteilen.

Diese Karte entnahm ich dem Buch: _____

Meine Meinung zu diesem Buch:

Ich habe folgende Fragen / Wünsche:

☐ **Ich bin damit einverstanden, dass meine Meinung eventuell veröffentlicht wird.** (Ggfs. bitte ankreuzen!)

Mein Tipp
Man kann in so einem Kessel
auch wunderbar Glühwein
oder Kinderglühwein selbst
machen und diesen in ge-
selliger Runde bei einem
Winterfest draußen trinken.

BUTTER MIT KINDERN SELBST MACHEN

Eine schöne Aktivität bei einem Fest mit Kindern ist es, Butter selbst zu machen. Die Kinder können die fertige Butter fürs Abendbrot oder Frühstück zu Hause mitnehmen oder gleich auf dem Fest genießen.

Dafür braucht man einige saubere Gläser, die man verschließen kann, wie zum Beispiel Marmeladen- oder Aufstrichgläser. In diese gibt man 150 – 200 ml süße Sahne (Schlagrahm), die einige Stunden bei Zimmertemperatur stand. Mit kalter Sahne aus dem Kühlschrank klappt es nicht so gut.

Die Sahne in das Glas geben, den Deckel fest zudrehen und das Glas schütteln, schütteln und immer weiter schütteln. Man merkt, wie es zunehmend schwieriger wird. Nach ca. 5 bis 10 Minuten das Glas öffnen, die Butter mit einem Löffel herausnehmen und in eine Schale oder auf ein Sieb legen. Die Butter mit kaltem Wasser vorsichtig umspülen.

Man kann den Kindern die fertige Butter in dem ausgespülten Glas mitgeben, in dem sie vorher geschüttelt wurde. Hat man nicht so viele Gläser, kann man auch Butterbrottüten von den Kindern bemalen und mit dem Namen beschriften lassen und die fertige Butter dort hineingeben. Sehr gut ist es, wenn für die Butter eine Kühlmöglichkeit vorhanden ist, bis die Kinder das Fest verlassen und sie dann in den Tüten mitnehmen können.

Mein Tipp
Die Kinder können die Butter pur mit frischem Brot (siehe die Rezepte zum Pfannenbrot auf S. 120 oder zum Stockbrot auf S. 112) genießen, sie noch salzen und mit Kräutern oder Bärlauch verfeinern

MUSIK AUF FESTEN

Musik gehört zu einem Fest dazu, und ganz besonders schön ist es, wenn sie selbst gemacht wird. Auf vielen Festen, auf denen wir waren, wird am Anfang als Einklang und am Ende als gemeinsamer Abschluss zusammen gesungen. Besonders schön sind auch Kanons, die auf einem größeren Fest zusammen gesungen werden können. Diese Momente führen bei mir regelmäßig zu einer Gänsehaut und Sie sollten es sich nicht entgehen lassen. Oft gibt es unter den Veranstaltern eines Festes oder unter den Gästen auch Musiker. Vielleicht bringen diese ihr Instrument ja sogar mit und zu dem Gesang gibt es ein kleines Konzert? Die meisten Musiker stimmen gerne zu, wenn sie gefragt werden. Laute Musik aus Boxen ist während eines Festes ungeeignet und führt schnell zu einer Überreizung bei Kindern und Erwachsenen. Genießen Sie lieber kleine musikalische Einlagen, die unter die Haut und ins Herz gehen.

PRAKTISCHES FÜR FESTE MIT KINDERN

CITRONELLA-MÜCKENKERZEN

Auf der Suche nach Duftkerzen, die Mücken fern halten, habe ich nur welche gefunden, die Palmöl, künstliche Aromen oder Paraffin enthalten haben. Gerade die künstlichen Duftstoffe können jedoch zu Kopfschmerzen, Schwindel und allergischen Reaktionen führen. Daher haben wir herrlich duftende Anti-Mücken-Kerzen für den Einsatz beim nächsten Gartenfest selbst gemacht. Sie eignen sich für Taufen, Geburtstage, Hochzeiten und alle anderen Feste, die draußen gefeiert werden. Einfach die Bänder dem jeweiligen Fest anpassen. Sie sind zudem eine schöne Upcycling-Idee für alte Gläser, jedoch nicht als Bastelidee für Kinder geeignet, da das Wachs sehr heiß wird.

Sie brauchen dafür

- 500 g weiße reine Bienenwachspastillen
- 2 bis 3 ml reines Citronella Öl
- verschieden große Gläser
- Wäscheklammern; Schere
- Kerzendocht
- Ofenhandschuhe; einen Topf
- eine Unterlage (zum Beispiel ein Holzbrett)
- schönes Webband oder anderes Band

Und so werden die Mückenkerzen gemacht

Vier kleine schöne Gläser bereitstellen und in diese jeweils einen Docht mithilfe der Wäscheklammern hineinhängen. Nun drei große alte Gläser (z.B. Marmeladengläser) in einen Topf eng zusammenstellen und den Topf bis zum unteren Drittel Wasser einfüllen. Die Hälfte der Bienenwachspastillen auf die drei Gläser verteilen. Das Wasser leicht zum Köcheln bringen und das Wachs schmelzen lassen. Das dauert etwas. Wenn das Wachs klar ist, das Glas mit den Ofenhandschuhen herausnehmen (es ist richtig heiß!) und sofort in eines der vorbereiteten Docht-Gläser umfüllen. Dabei aufpassen, dass am Docht vorbeigegossen wird und er nicht herunterfällt.

Die restlichen Wachspastillen schmelzen, dass flüssige Wachs einfüllen, bis es zum Rand geht, und erst wenn der Wachs schon etwas abgekühlt ist, 15 Tropfen Öl auf jede Kerze tropfen.

Aus den 500 g Pastillen bekommt man ungefähr vier Gläser. Wenn sie ausgehärtet sind, ein schönes Band um das Glas wickeln. Fertig sind die biologischen Mückenkerzen für das nächste Fest. Beim Anzünden riechen sie nun wundervoll nach Citronella und halten alle Mücken fern. Diese mögen den Geruch nämlich nicht besonders.

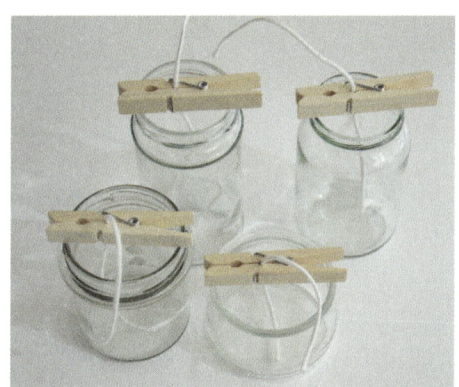

WESPENSCHUTZ

Viele Feste, die im Sommer oder frühen Herbst stattfinden, laden auch Wespen ein, die oftmals in Scharen vorbeikommen. Hier schafft ein einfaches Hausmittel Abhilfe, damit die Wespen genauso schnell wieder gehen, wie sie gekommen sind.

Alles, was man dafür braucht, sind
- **ein Ziegelstein**
- **etwas Kaffeepulver**
- **ein Streichholz**

Dieses natürliche Anti-Wespen-Mittel geht ganz einfach und ist ungiftig. Es riecht nur etwas, als wenn jemand in der Nähe eine Pfeife raucht. Legen Sie einen Ziegelstein unweit des Tisches oder Platzes mit dem Essen, das die Wespen anlockt. Dort streuen Sie etwas Kaffeepulver drauf, es sollte ein kleiner Hügel entstehen. Das Kaffeepulver mit einem Streichholz anzünden, bis es leicht glüht. Auch wenn das Kaffeepulver nicht richtig brennt, sondern nur vor sich hin glimmt, ist es sehr heiß. Daher vorsichtig mit den flinken Kinderhänden! Nun den Kaffee langsam verglühen lassen, dabei entsteht ein Rauch, den die Wespen so gar nicht mögen und daher von dem Platz fernbleiben.

Man kann statt eines Ziegelsteins auch einen alten kleinen Topf nehmen. Das Kaffeepulver brennt sich ein, daher keinen Topf verwenden, den man selbst noch nutzen möchte. Teller oder Schalen aus Porzellan springen durch die Hitze schnell und gehen kaputt.

BABY- UND KLEINKINDBEREICH

Ist man mit seinem Baby oder Kleinkind auf einem Fest, freut man sich sehr, wenn es einen Extrabereich für sie gibt. Dort kann man sein Baby in Ruhe wickeln, es stillen, die Flasche geben oder füttern und danach noch etwas auf den Matten und Decken krabbeln lassen, während die Kleinen das herumliegende Babyspielzeug entdecken. So ein Baby- und Kleinkinderbereich ist eine Freude und Entlastung für alle jungen Eltern und kann auf einem Fest ein umfunktionierter Raum im Haus sein, ein Bauwagen oder auch ein Zelt.

Drinnen gibt es eine Wickelmöglichkeit mit einer Unterlage, Handtücher zum Drunterlegen, einige Windeln in verschiedenen Größen, Feuchttücher, kleine Cremeproben bei einem wunden Po, etwas Babyspielzeug zum Entdecken und einen Mülleimer. Sehr schön sind auch noch einige Matten und Decken, auf denen die Kleinen eine Weile liegen oder krabbeln können, und ein paar bequeme Stühle zum Stillen. Es ist so schön, wenn es auf einem trubeligen Fest zusätzlich so einen geborgenen Ort zum Wickeln, Stillen und Füttern für die Kleinen – und die Eltern! – gibt.

Vorlage Herz zu Laubsägearbeiten
auf Seite 98 in Originalgröße

Vorlage Stern zu Laubsägearbeiten
auf Seite 98 in Originalgröße

**Vorlage Ohren Steckenpferd
von Seite 94 in Originalgröße**

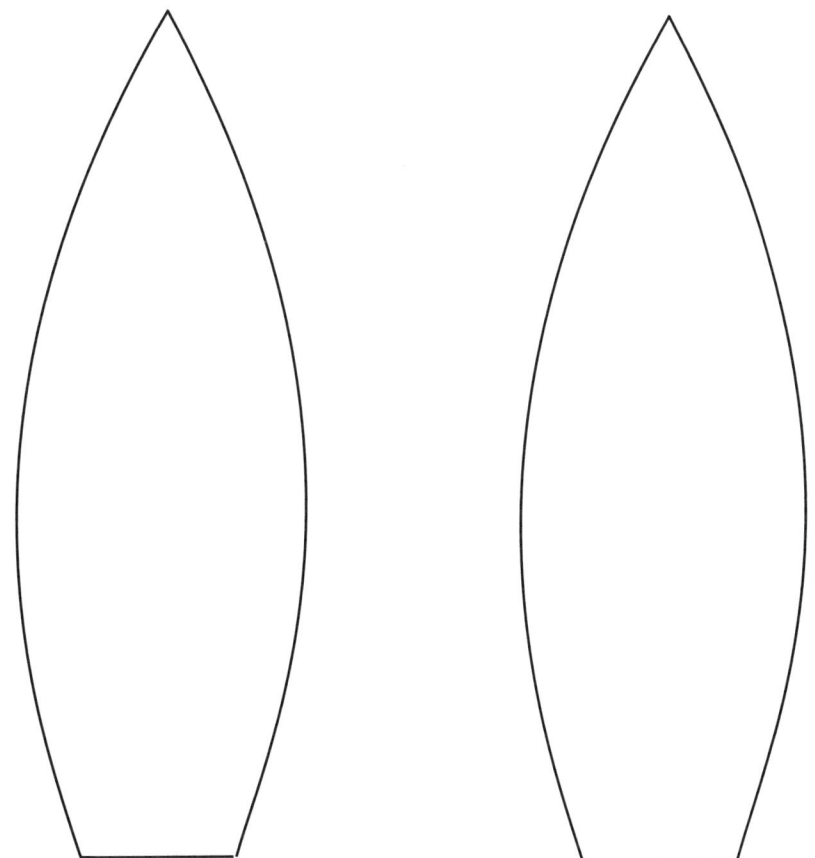

**Vorlage Flügel zur Zapfenbienen
von Seite 102 in Originalgröße**

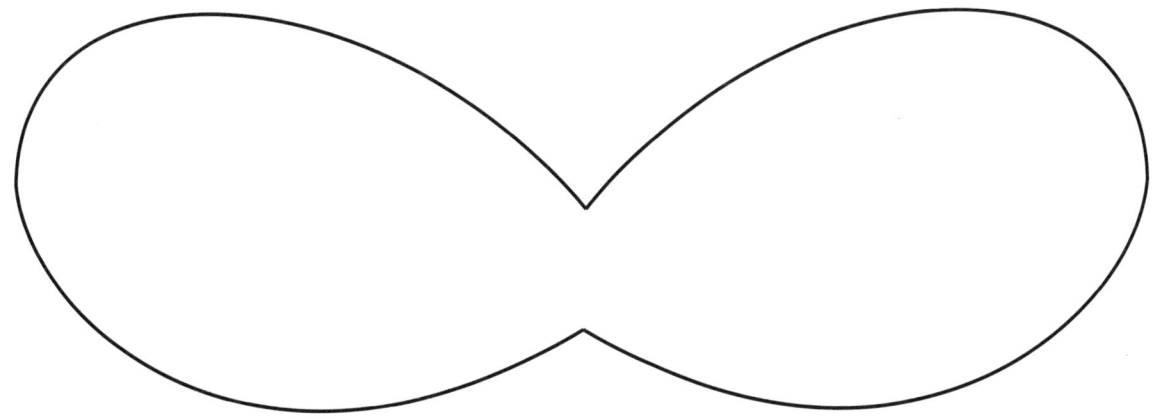

137

ÜBER DIE AUTORIN

Die Autorin, Diplom-Sozialpädagogin und Bloggerin Tanja Berlin ist Mutter von drei Kindern und glücklich verheiratet mit ihrer Kindergartenliebe. Zusammen mit ihrer Familie lebt sie im schönen Lübeck in einem rot-weißen Haus mit einer verzauberten Elfentür an der Treppe, weißen Kaninchen und Apfelbäumen im Garten. Sie liebt die Mischung aus natürlichem Holz und dem skandinavischen Wohnstil, kombiniert Filz und fantasievolle Jahreszeitentische mit schwedischen Blumenmustern und karierten Stoffen. Schon als kleines Kind baute Tanja Berlin sich ihre Puppenhäuser aus Schuhkartons selbst, werkelte, nähte und bastelte immer wieder Neues. Sie schrieb in der Ausbildung ihr erstes Kinderbuch und entwickelte im Studium eigene Spiele. Nach der Geburt ihrer Tochter bekamen Freunde und Familie fast täglich neue genähte, gebastelte und gefilzte Werke zu sehen. Um diese Ideen mit vielen Menschen zu teilen, schreibt sie seit 2012 auf ihrem Familien- und Reiseblog «Zuckersüße Äpfel» regelmäßig über besondere DIY-Ideen, leckere Familienrezepte, schöne Dinge für Groß und Klein, besondere Erlebnisse mit Kindern und individuelle Familienreisen. So entstehen immer wieder neue und inspirierende Ideen für die ganze Familie:

www.zuckersuesseaepfel.de

Wenn Sie mehr von der Zuckersüße-Äpfel-Familie sehen möchten, gibt es auf dem Blog auch einen Film von und mit ihnen.

VON GANZEM HERZEN DANKE ...

... an meine drei wundervollen Kinder, ohne die ich all diese Feste nicht gefeiert hätte. Es macht mich so glücklich, diese besonderen Momente mit euch erleben und genießen zu dürfen. Euer Lachen zu hören und euer Glück zu sehen, ist für mich als Mutter das Schönste.

An meinen Mann Daniel, der immer für uns da ist und für den seine Familie das Wertvollste auf der Welt ist. Für seine unglaubliche Unterstützung im Alltag und mit den Kindern. Sein Verständnis, für die wenigen gemeinsamen Abende mit mir, weil ich schreibend am Computer sitze. Und für seine Geduld und Ruhe, wenn ich wieder einmal 1000 Ideen habe. Ich liebe euch vier unendlich!

An meine Freundin Veronika, die genauso gerne feiert wie ich und durch die wir schon so viele wunderschöne Feste und Momente erleben konnten.

An alle unsere kleinen und großen Freundinnen und Freunde, die fröhlich mit uns gefeiert haben und einverstanden waren, dass sie in diesem Buch gezeigt werden.

An meinen Bruder Oliver, in dessen Garten wir schon so manches schöne Fest gefeiert und fotografiert haben.

An unseren Kindergarten und die Schule, für die wundervollen Festmomente, die wir im Rhythmus der Jahreszeiten durch sie erleben dürfen.

Und ein riesengroßes Dankeschön an alle meine Leserinnen und Leser von *Zuckersüße Äpfel,* die jeden Tag bei mir auf dem Blog, auf Instagram und auf Facebook so zahlreich vorbeischauen und all unsere Ideen und Rezepte mit viel Herz nachmachen. Eure vielen lieben Nachrichten und Reaktionen schaffen es, dass ich nun schon seit acht Jahren jeden Tag voller Freude für euch schreibe.

Wie schön, dass es euch alle gibt!

1. Auflage 2020

Verlag Freies Geistesleben
Landhausstraße 82, 70190 Stuttgart
www.geistesleben.com

ISBN 978-3-7725-2849-1

© 2020 Verlag Freies Geistesleben
& Urachhaus GmbH, Stuttgart
Fotos: Tanja und Daniel Berlin
Gestaltung & Satz: Bianca Bonfert
Druck: DZS Grafik, Ljubljana
Printed in Slovenia

Tanja Berlin

Frühling, Sommer, Äpfel, Winter

Das kreativ-köstliche Jahreszeitenbuch

143 Seiten, gebunden, durchgehend farbig,
mit zahlreichen Fotos
ISBN 978-3-7725-2825-5

Die Jahreszeiten sind nicht nur in der Natur zu spüren,
wir können sie auch erleben, indem wir basteln,
werkeln, kochen und backen. Tanja Berlin lädt zum
kreativen und genussvollen Erleben des Jahreslaufes
mit der ganzen Familie ein – mit Liebe zum Detail
und durch ihre skandinavischen Wurzeln mit einem
Gespür für Stil und Ambiente.

Verlag Freies Geistesleben